JN268786

知的障害をもつ人の地域生活支援ハンドブック

あなたとわたしがともに生きる関係づくり

高橋幸三郎 編著

ミネルヴァ書房

ハンドブックを手にしたあなたへ！

　知的障害をもつ人への社会的な対応として，変化の方向が明らかになりつつあります。それは，日常生活動作に関する指導・訓練型から，個人の意思を大切にする援助型への方向です。この方向とは，知的障害をもつ人を判断能力のない保護すべき存在でなく，自立する個人として対応しようとする動きです。

　このハンドブックでは，そうした変化を先取りして，障害をもつ人の自己決定を支えるために必要な働きかけを地域社会に対して行う援助活動，あるいは，本人がもっている生活力を豊かにするための援助活動について考えます。この2つの援助は，本人の生まれ育った地域レベルでの活動として行われるのが望ましいといえます。

　わたしたちがみなさんと一緒に考えようとしている課題は，「自己決定」，「地域生活の支援」，「権利擁護」，「まちづくり」のあり方です。そうした課題に接近するため，このハンドブックは，次のような構成になっています。

　最初に，知的障害をもつ人の地域生活をつくりあげている家族や近隣レベルの営みを紹介し，生活支援の全体像を理解する糸口を示します。次に，知的障害をもつ人の地域生活を支えるために必要な社会福祉サービスのあり方について具体的な活動事例に基づいて考えます。さらに，今日の地域福祉を展望していくために，知的障害をもつ人への保護的，指導・訓練型の対応から，当事者主体の視点に立った援助型による対応へと変化していく歴史的な歩み，その歩みのなかで生まれた共生社会の考え方についての理解を深めます。

　このハンドブックでは，当事者の身近なところで行われている「生活

をつくる営み（第Ⅰ部）」，地域生活を支えるための「社会福祉サービス（第Ⅱ部）」，そうした営みや制度の基盤となる「福祉理念（第Ⅲ部）」という3つの枠組みで知的障害をもつ人の生活支援について考えます。

　執筆に関わったのは，わたしのかつての同僚を中心とした人たちで，地域福祉・教育の最前線で活躍しています。わたしたちは，お互いの生き方を確認し合いながら，それぞれのスタンスで地域生活支援のあり方について話し合ってきました。ここでは，「支援」をより包括的なことばとして，「援助」は利用者との直接的な関わりをあらわすことばとして用いました。

　このハンドブックが対象とする読者は，福祉系の専門教育を受ける学生を想定していますが，これから知的障害をもつ人に関わろうとしている住民，ボランティアの方にも関連情報が提供され理解を深めてもらうことができたら幸いです。これこそがわたしたちの願いです。

　2002年4月

　　　　　　　　　　　　　　　　　　　　　　　編著者　髙橋幸三郎

も く じ

ハンドブックを手にしたあなたへ！　　　i

●●●　Ⅰ　地域での生活をつくる営みについて学ぶ　●●●

第1章　障害のあるきょうだいとともに生きる　　2

① ある「きょうだい」の関係＝私と弟の場合　　2

② 「きょうだい」の「障害のきょうだい」への
関わり方と課題──年代を追って　　4

③ 障害のあるきょうだいと「ともに生きる」　　16
　──まとめにかえて

第2章　親として子どもの生活を支える　　19

① ある障害のある子どもとその家族の風景　　19

② パートナーとしての尊重　　21

③ 家族という社会の関係調整　　22

④ 障害のある子どもの内面を育む　　23

⑤ 大人になった子どもへの支援　　24

⑥ 親の役割とはなんでしょうか　　25

第3章　ボランティア活動と地域参加　　29

- ① ボランティア活動　29
- ② ボランティア活動原則　32
- ③ 「無償性」と「有償性」　34

第4章　学齢期の生活　　障害児教育と地域生活支援について　40

- ① 知的障害児の学校教育　40
- ② 地域生活の現状　45
- ③ 放課後・休日の活動を支える　49

第5章　成人期の余暇活動と地域参加　　52

- ① 余暇とは　52
- ② 入所施設における余暇活動　53
- ③ 絵画クラブ創出と地域参加　56
- ④ 課題とまとめ　63

第6章　だれもが居場所のあるまちづくり　　65
吉祥寺南町の地域福祉活動について

- ① 吉祥寺南町というまちについて　65
- ② 地域福祉活動「南町福祉の会」のあゆみ　66
- ③ 懇談会"障害をもつ人にとっても住みやすいまちに！"　70
- ④ 障害児が地域で暮らすための放課後活動"ウィズ"について　72
- ⑤ だれもが居場所を得ていきいき暮らせるまちをめざして　76

●●● Ⅱ　地域生活支援の活動について学ぶ　●●●

第1章　援助者の自己理解　　　　　　　　　　　　　　84
感情・価値・スタイルについて
1. 感情レベルでの自己理解　　84
2. 価値レベルでの自己理解　　85
3. 援助者スタイルの意識化　　89

第2章　自閉症の世界　　　　　　　　　　　　　　　　93
1. 自閉症とは　　93
2. 自閉症者にとっての自閉症とは　　95
3. 自閉症者と恥の感じ　　97
4. 援助者の役割とその陥穽──投影　　99
5. 自閉症者が自分らしく生きることを援助するために　　101

第3章　卒業後の暮らし　　　　　　　　　　　　　　　106
一人ひとりのニーズに応えた支援について
1. 通所施設で活動する　　106
2. 通所施設の実際　　107
3. 障害のある人も安心して暮らせるまちづくり　　111
4. 今後の課題──地域での暮らしを支える　　113

第4章　知的障害者グループホーム　　　　　　　　　　115
「えびす・ぱれっとホーム」の活動について
1. グループホームの歩み　　115
2. 「えびす・ぱれっとホーム」の実践について　　117
3. グループホームの今後の課題　　121

第5章　ガイドヘルパー　　　　　　　　　　　　　　　124
「サポートネット」の活動について

① 設立趣旨と経過　　124
② 行政と財源　　127
③ スタッフのことなど　　129
④ 活動を支えるための課題──スタッフや資金　　131

第6章　ショートステイ　「なごみの家」の活動について　134

① ショートステイ利用のようす　　134
② ショートステイとは　　135
③ 「なごみの家」の援助活動の基本　　139
④ ショートステイサービスの今後の課題　　140

第7章　地域生活援助センター　　　　　　　　　　　143
「びーと」での相談活動について

① 地域生活援助センターの活動　　143
② 具体的な相談事例　　145
③ 安心という名の援助　　150

第8章　苦情解決システム　　　　　　　　　　　　　152
自己決定を支えるしくみとして

① 権利侵害の実態　　152
② 福祉オンブズマン制度　　154
③ 苦情解決システム構築の課題　　156

III　知的障害をもつ人の福祉について学ぶ

第1章　知的障害者福祉施設創設者の生涯と思想　164
（石井亮一・筆子）

1. 石井亮一の生涯（1867-1937年）　164
2. 石井筆子の生涯（1861-1944年）　169
3. 石井亮一・筆子の思想　173

第2章　教育的保護の展開　滝乃川学園の歩みについて　177

1. 学園の宗教教育　177
2. 教育の展開　179
3. 学園が直面した苦難——イバラの道　182
4. 教育的保護の特徴　184

第3章　福祉的保護　入所施設を中心とした対応について　186

1. 福祉的保護の形成　186
2. 福祉的保護の限界と在宅福祉　190

第4章　福祉施設のあり方　194
ノーマライゼーションについて

1. 入所施設を改善するための理念　194
2. 脱施設化を促進させる理念　197
3. 施設の地域開放と社会参加の促進　199

第 5 章　基本的人権　　　　　　　　　　　　　　　　　　　203

- ① なぜ、人権を問題にしなければならないか　203
- ② 人権とはどういうものか　204
- ③ 現代日本の知的障害をもつ人の人権状況　206
- ④ 人権保障のさらなる充実を求めて　208

コラム　①施設生活のなかの子どもたち　　79
　　　　②友達への感謝をこめて　　80
　　　　③自分がありのままでいられる社会　　81

読書コーナー　160
用語解説　214
索引　226

「きょうだいの会」の活動

I

地域での生活をつくる
営みについて学ぶ

Ⅰ　地域での生活をつくる営みについて学ぶ

第1章
障害のあるきょうだいとともに生きる

　みなさんは今まで〈きょうだい〉について考えたことがありますか。普通はあまり考えないことです。障害のある人の「きょうだい」（障害のない方のきょうだいを意味する時は，かぎカッコつきで「きょうだい」と記します。なお，障害のある人は「障害のきょうだい」と記します）にとっては重要なことなのです。なぜなら，「きょうだい」は，小さい頃からほぼ一生にわたってさまざまな課題をもっているからです。この章では，障害のある人の「きょうだい」のもつ課題を通して，社会や家族のあり方を考えてみましょう。もちろん，その人を取り巻く社会や家庭などの状況によって課題は違いますので，これから述べるのは一般論であることをお断りしておきます。

1　ある「きょうだい」の関係＝私と弟の場合

　わたし（筆者）には，知的障害のある弟がいます。2001年の5月，弟は49歳にしてはじめてひとり暮らしをはじめました。中度の知的障害があり，読み書きも計算もできませんが，社会性はあります。父が，そして母が亡くなり，私の家族と同居してきた数年でしたが，思い切ってアパートを借りて「自立生活」を始めたのです。それから約半年，弟はさまざまな形で生活を楽しんでいるようで，私の家にはほとんど来ようとせずほぼ順調な生活が続いています。

　わたしが弟と障害のあるきょうだいとして関わった記憶は，弟が中学の特殊学級を卒業して児童施設に入所した時からです。毎月1回，母と一緒によく面会に行きました。2年ほどして，弟は施設を出て家の近くの会社に通うようになりましたが，やがて競馬を覚えると会社をさぼるようになりました。学生だった私は，弟がさぼらないように，会社までよく送りました。弟はその後会社をやめ，通所施設に通ったりしました

が，まじめに一つの所に通えないことを繰り返しながら，10数年前から家の近くの施設（Y園）に籍を置いていました。一方，私は学校を卒業するころ「きょうだいの会（後で説明します）」に入り，就職し結婚して子どもができ，わたしの両親や弟と2世帯住宅に住むようになっていました。この頃になると，妻が弟をY園まで車で送るなど，妻も弟と関わるようになっていました。

やがて弟はY園にもほとんど行かないようになりました。無為に毎日をすごす弟を見ているのは，母にとっても私にとってもつらいことでした。この頃私は仕事を変え，知的障害のある人の施設職員をしていましたので，弟にとってどのような環境がよいか理解していたつもりです。

そこで，私は母にもっと弟の性格に合った通所の施設などに変わることをすすめましたが，母はY園に籍を置いておくことにこだわりました。将来自分がいなくなった後に，弟がY園で生活できるように，つまり，わたしたちきょうだいが弟の世話をしなくて済むように，という期待からでした。母の気持ちはありがたかったのですが，結局母が亡くなっても弟はほんの一時Y園に行っただけで，元のように無為な毎日を過ごすようになりました。この時，弟は2世帯住宅で私の家族と同居していたわけです。このような経過から，私はY園とも相談し，弟にひとり暮らしをさせることを決めました。

弟のひとり暮らしには，事前にいくつかの準備をしました。あらかじめ弟に合った作業所を見つけ数か月間様子を見るとともに，ショートステイなどもある生活支援団体に登録し，宿泊体験もしました。ここにはひとり暮らしを始めた後，弟に毎週小遣いを渡してもらったり，病院への付き添いもお願いしました。

Y園の支援もあって，やっとアパートを見つけることができ，Y園を退園しました。弟のひとり暮らしには食事のことがもっとも心配でした。そこで，不動産屋さんに「ツケのきく定食屋さん」の紹介をお願いした

ところ，近くに面倒見のよい定食屋さんがあるということで，そこにお願いすることにしました。たまたまそこのご主人は昔からの競馬ファンで，弟の趣味（？）とぴったり合い，おかげで弟はそこに入り浸っています。

そのほかにも，母が亡くなってから，弟のことではまだまだいろいろなことがありましたが，ここでわたしがしてきたことを，わたしという「きょうだい」ではなくて，公的な社会福祉機関がしてくれればありがたいとつくづく思っています。

2 「きょうだい」の「障害のきょうだい」への関わり方と課題——年代を追って

「きょうだい」の関わり方やそこに生じる課題は，その年代によって大きく変わります。しかし，基本原則は「きょうだいは互いに自立して，精神的に支える」ことです。もちろんその家庭や人によっても違いますが，ここではその一般論を述べたいと思います。あわせて「きょうだい」自身，家族（親）や社会のもつ課題を示します。

文中に，1997年にきょうだいの会で行った全国調査の結果を適宜示します。回答数は333と少ないですが，傾向はつかめると思います。回答者は，首都圏に住む20，30代で，「障害のきょうだい」の障害程度が中度と重度の「きょうだい」が多く，入所施設に入っている人は半数以下でした。一方，結果を読み取る時には，回答者が，アンケートに回答したという前向きな姿勢をもった人たちであることを考慮する必要があります。

1　幼児期～児童期

この時期の特徴

「障害」というものをまだ理解しない段階です。「きょうだい」にとっ

て「障害のきょうだい」が上でも下でも，なかよく遊ぶことが多いようです。時には「障害のきょうだい」をいじめっ子からかばい，時にはきょうだいげんかもします。

「きょうだい」の課題

　本当はもっと親に甘えたかったりするのに，親が大変な思いをしているのをみて，「いい子」になりすぎてしまう傾向があります。一方，親が「障害のきょうだい」にかかりきりになるために，さびしい思いをしたり，普通の家族のような楽しみが少ないなどのことも多いものです。図1-1-1は「『きょうだい』に障害のある人がいてつらかったこと」という調査結果です。いじめがつらかったことと，いろいろな意味で「普通の家族のようでありたい」というのが，まだ言葉ではいえない小さい子どもの本音ではないでしょうか。

家族（親）の関わりと課題

　自分の子どもに障害があるらしいとわかったとしても，それを認めることはなかなかできないものです。日常的に障害のある子どもに振り回されたり，病院に頻繁に通ったりすることが多い場合は，時間的にも精神的にも生活にゆとりがなくなります。そうなると，子どもにも余裕のない接し方をして，子どもに十分満足を与えられないこともあります。どうしても障害のある子どものことを優先したり，障害のある子どもが「きょうだい」にいたずらをした時に「きょうだい」に対して十分な気づかいをしてあげなかったりと，「きょうだい」にさまざまながまんを強いることも多くなりがちです。

　母親を精神的に支え，ゆとりをもって子育てができるように協力するのは父親の役目です。親の会などで同じ仲間と励まし合ったりしながら，夫婦が協力して「前向き」に生きる姿勢がほしいものです。そして，「普通の家庭」のようでありたいという「きょうだい」の気持ちをくむ努力をしてほしいと思います。

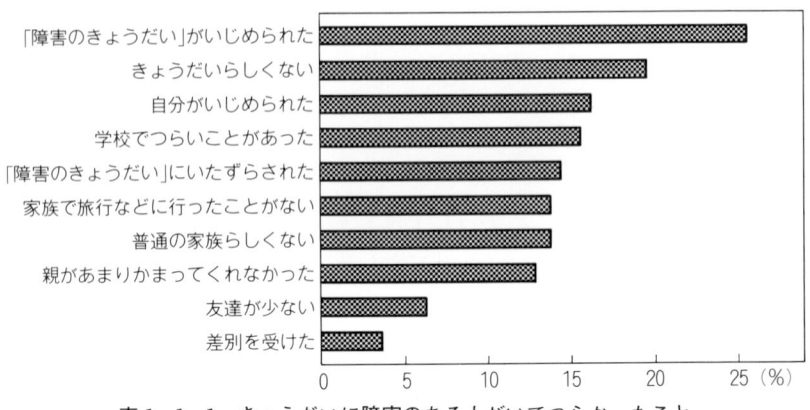

| 「障害のきょうだい」がいじめられた |
| きょうだいらしくない |
| 自分がいじめられた |
| 学校でつらいことがあった |
| 「障害のきょうだい」にいたずらされた |
| 家族で旅行などに行ったことがない |
| 普通の家族らしくない |
| 親があまりかまってくれなかった |
| 友達が少ない |
| 差別を受けた |

表1-1-1　きょうだいに障害のある人がいてつらかったこと

　自閉症の子どもの場合などは，障害の特性を理解していないために誤った対応をしてしまい，成長にマイナスになることもあります。将来，「きょうだい」に上手に引き継ぐためにも，専門機関を利用して障害のある子どもにきちんと対応することが重要です。

社会の関わりと課題

　家族がゆとりをもった生活ができるように社会が支えることが大切です。乳幼児健診で障害を発見した時には，医師などはまず親の気持ちを十分に理解した対応をした上で，適切な相談機関を紹介することが求められます。相談・療育機関では，特に母親の負担の軽減に努めるとともに，父親や「きょうだい」も含めた家族全体を考慮した対応や，障害の特性を十分にとらえた指導と助言が大切です。ショートステイなど，家族に休息を与えるシステムも大切です。現在でもそのような機関はありますが，システム，人材とも充実が求められます。社会の障害やその家族に対する理解が足りないと，家族はつらくなります。さらなる理解の促進が必要です。

　表1-1-1の「きょうだいに障害のある人がいてつらかったこと」で示されているように，いじめられたり，いたずらされたという経験があ

ることがわかります。「きょうだい」がつらかったことの一番は，「いじめ」でした。学校では適切な教育を，地域では偏見をなくすことを切に望みます。

2　思春期

この時期の特徴

　誰でも「自分」を意識する，とても大事な時期です。自分とは何か，友達のこと，将来のことなどを悩むものです。この時期は「障害のきょうだい」との関わりが少なくなる場合があります。しかし，将来のことと関係して「障害のきょうだい」のことが気になりだします。障害とは何かを知りたくなる時期でもあります。受験が近づくと，「障害のきょうだい」に勉強のじゃまをされたりすることもあり，「障害のきょうだい」のことを「いてもよい存在」と思うか「いない方がよい存在」と思うようになるかが分かれる微妙な時期です。

「きょうだい」の課題

　思春期は，親に反発する時期でもありますが，親や「障害のきょうだい」を思う気持ちから，反抗期がなく自分を押し殺してしまう場合があります。逆に，将来への不安や「障害のきょうだい」の行動が自分につらくふりかかってきたり，それに対して親が自分の気持ちを分かってくれないことから，必要以上に「障害のきょうだい」を嫌ってしまう場合もあります。同じ立場の「きょうだい」同士が話し合えると悩みはずいぶん軽減されます。そのような場を提供している「きょうだいの会」を後で紹介します。

家族（親）の関わりと課題

　親には主に次の2つのタイプがあります。1つのタイプは「きょうだいに面倒はかけないから，心配せずに自分のことだけを考えなさい」という親，もう1つのタイプは「将来はおまえしか面倒をみる人はいない

のだから，しっかりしてね」という親です。なかには，「きょうだいの面倒はみなくていいけど，親の夢をかなえられるのはお前だけだからがんばってね」というタイプもあるようです。いずれも親にしてみたら自然な気持ちかもしれませんが，「きょうだい」にとってはつらいものです。あくまで原則は「きょうだいは互いに自立して，精神的に支える」ことです。

「きょうだい」も障害などについて理解できる年齢なのですから，親は「きょうだい」に障害のことや「障害のきょうだい」の将来について正確な情報を伝えることが大切です。その情報は親の会を通したり専門家の意見を聞きながら集めることができます。受験の時期には勉強に打ち込める環境作りに努力するなど「きょうだい」への心配りも必要です。また，「きょうだい」はいろいろな悩みを抱えながらも，自分から親には話せないのが一般的です。親のほうから語りかけるなど，悩みを引き出す働きかけがほしいところです。

社会の関わりと課題

親に，障害についての知識や制度，社会の動きなどについて正確な情報を伝え，的確な助言をする機関が必要です。特に，障害のある子どもが通っている学校の先生にはこのような専門性を求めたいものです。その障害の特性を充分に理解し，それにあった教育方法を採用することは，将来の成長に大きく影響します。専門機関との連携が必要です。家族の気持ちをきちんと受け止めることも大切です。社会には，敏感な思春期の子どもの心を傷つけないような理解がほしいものです。

3　青年期（未婚）

この時期の特徴

思春期を過ぎ，精神的にやや落ち着きを取り戻す時期で，「きょうだい」が再び「障害のきょうだい」に関心をもって関わるようになること

が多くなる時期でもあります。一方，就職，恋愛，結婚など，人生の大きな節目が現実のものになってきます。人によっては，「きょうだい」が「障害のきょうだい」のために自分の人生を曲げられてしまうと思うような場合もあります。「きょうだい」自身が自分をしっかりと見つめることが大切です。一方，「障害のきょうだい」も「自立」を模索すべき時期です。「障害のきょうだい」が入所施設などにいる場合は，施設での生活のあり方が問われてきます。

「きょうだい」の課題

　「きょうだい」には，「結婚」と「親亡き後の扶養」という2大問題があります。この時期にはその1つである「結婚」という課題があります。「自分は普通に結婚ができるのだろうか」と悩む「きょうだい」は少なくありません。ほとんどの人は普通に結婚していくのですが，一部の人は悩みが続きます。その原因の1つは障害やその家族に対する社会の偏見です。他の1つは，「きょうだい」自身の中にある「結婚への不安からの消極さ」であると，私は思っています。不安の1つは「偏見のために，相手やその家族の理解が得られないのではないか」ということです。

　もう1つは「将来自分は「障害のきょうだい」と同居して面倒を見なければならない」と思い込んでしまっていることです。そのため「自分は普通に結婚はできない」とあきらめたり焦りを感じ，結果として結婚に消極的になってしまうのです。表1-1-2は，「結婚の時心配したこと（既婚者）」の調査結果です。この調査では相手やその家族の理解とともに，将来の「障害のきょうだい」の世話が大きな不安になっていることがわかります。未婚者の結果もほぼ同様でした。

　結婚の不安とは若干違いますが，なかのよいきょうだいほど，未婚のうちは「一生涯自分が面倒を見ていく」と考える傾向があります。しかし，結婚すると現実の生活のなかで，考えが変わっていく場合が多いようです。表1-1-3は，「将来同居を考えている人」で示したように，

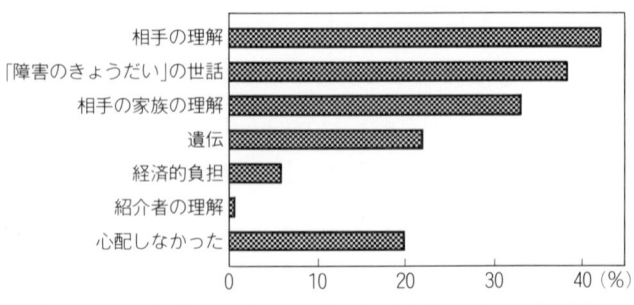

表1-1-2 結婚の時「きょうだい」が心配したこと（既婚者）

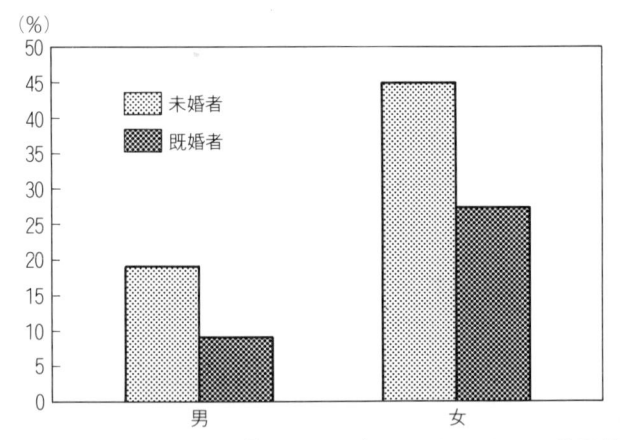

表1-1-3 将来同居を考えている「きょうだい」（在宅者 89％，入所施設利用者 9％）

　未婚のうちは同居を考えていても，結婚すると別居が基本になることがわかります。
　少ないですが，就職が課題になることもあります。多くの「きょうだい」は，普通の会社などに就職しますが，福祉の仕事につく人の割合が通常よりも多いのも現状です。育ちのなかで自然に福祉に関心が向くためと思われます。しかし，親の意向や犠牲的な気持ちから決めるべきではありません。
　「障害のきょうだい」が入所施設などにいる場合は，以上の課題が軽減されます。「障害のきょうだい」がいることを知人に言わないなど，

現実の課題を避ける場合もありますが，心に後ろめたさを感じることになります。

いずれにしろ，「きょうだい」自身が必要な情報を得たり，同じ立場の仲間と交流するなどしてしっかりと自分自身を見つめ，現実に立ち向かう勇気をもつことが求められます。少なくとも，決して「障害のきょうだい」の犠牲になっていると思わない生き方をすることが必要です。

家族（親）の関わりと課題

「きょうだい」の就職や結婚について干渉しないようにするとともに，思春期と同様，「きょうだいは互いに自立して，精神的に支える」という原則の下に，「きょうだい」に障害のことや「障害のきょうだい」の将来について正確な情報を伝えることが大切です。「きょうだい」が「障害のきょうだい」の犠牲になることがないように，「きょうだい」が同じ立場の仲間をもたない時は，「きょうだいの会」など「きょうだい」自身が課題に立ち向かうための社会資源を紹介してほしいものです。

「障害のきょうだい」が「自立」に向かうように，その人に合った日中活動や余暇活動など社会資源を活用することが大切です。不十分な社会資源の実現に向けた運動もお願いしたいところです。

社会の関わりと課題

障害に関する誤った認識をもって「きょうだい」の結婚が阻害されないようにすることです。さらに，将来「きょうだい」が「障害のきょうだい」を世話するなどの負担を感じなくてすむように，障害のある人が「自立」して暮らせる社会システムが必要です。「障害のきょうだい」にとっても，「きょうだい」に直接的に世話になることを望んでいるとは限りません。

きちんとしたケアマネジメントのもとで，住む場，働いたりする活動の場，余暇の場，それらを充分に結び付ける支援体制が整った「自立生活支援システム」と所得保障が必要です（本書では，地域生活とともに，

入所施設も含めて，障害のある人が自立して生活することを支えるシステムを「自立生活支援システム」ということにします）。

4　壮年期（既婚）

この時期の特徴

「きょうだい」自身の生活環境が，生まれ育った家族から，結婚して自分自身が作る新しい家族へと大きく変わる時期です。結婚するまでは「障害のきょうだい」と深く関わっていたとしても，結婚を機にその関係は薄れていくのが一般的です。子どもができるとますます自分の家庭が重要になり，「きょうだい」との関係は薄れることが多くなります。

しかし，やがて親の高齢化が進み始める時期でもあり，自分の生活の現状に反して，「障害のきょうだい」の将来が心配になることが多くなります。親の状況によっては，一時的に「障害のきょうだい」の世話をしなければならない場合も出てきます。「障害のきょうだい」が入所施設などにいる場合は，親とともに施設と関わることもあります。いずれにしろ，「障害のきょうだい」がなんらかの形で「自立」することが切実な課題となってきます。

「きょうだい」の課題

結婚すると，育った環境が違う結婚相手（配偶者）と自分の両親やきょうだいが，互いに理解し合えるように自分自身の努力が求められます。「障害のきょうだい」が現在は親元で暮らしていても，「自立」に向けて親に働きかけるなど，将来のことを考えて行動を起こすことが必要です。「障害のきょうだい」が入所施設などにいる場合は，施設に働きかけて「障害のきょうだい」の生活の質（QOL）を上げる努力をしたいものです。

いずれにしろ，正確な知識や情報，専門家や同じ仲間のアドバイスがますます必要とされます。

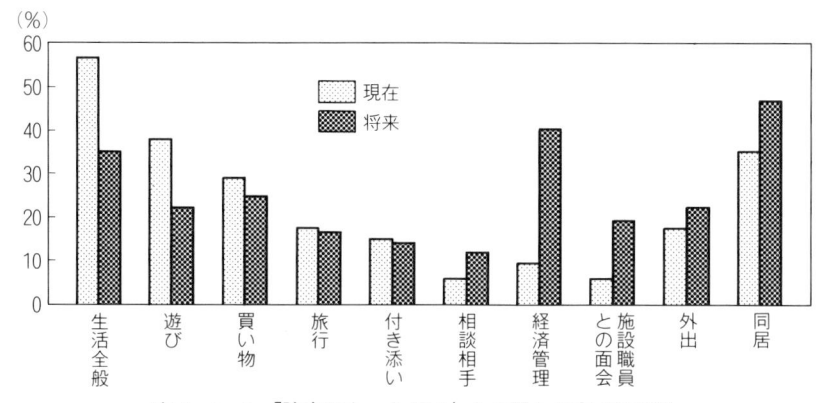

表1-1-4 「障害のきょうだい」との関わり方（在宅者）

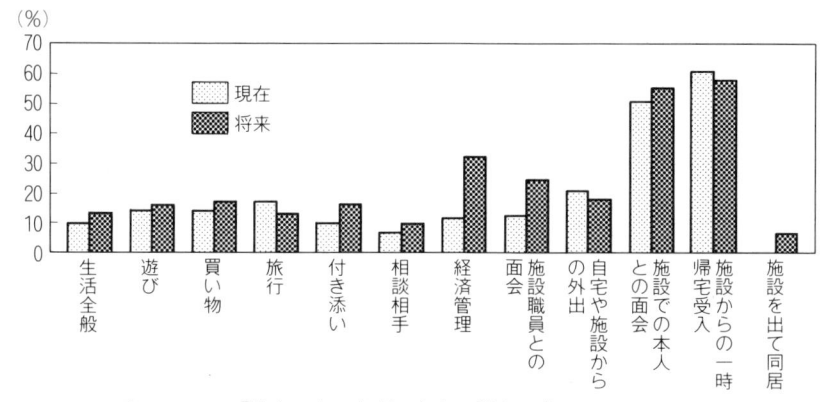

表1-1-5 「障害のきょうだい」との関わり方（入所施設利用者）

　表1-1-4は「『障害のきょうだい』との関わり方（在宅者／現在と将来）」，表1-1-5は同じ内容を入所施設利用者の「きょうだい」に聞いた調査結果です。将来で多いのは在宅者の場合は将来同居するつもりの人，入所施設の場合は親にかわって面会や帰宅受け入れをするつもりの人，共通することは，経済的な管理を考えている人です。しかし，同居といっても，立場によりずいぶん違うことは，表1-1-3に示した通りです。調査の項目に入っていないのですが，きょうだいの会の会員の間では，同居でも入所施設でもなく，「きょうだい」に近いところで「障

害のきょうだい」が自立生活を送ることができれば，それを希望する「きょうだい」が圧倒的に多いと思われます．しかし，そのようなことを可能にする社会資源がほとんどないのが現実です．

家族（親）の関わりと課題

　「きょうだい」が結婚した時には，配偶者がこの家族（両親や「障害のきょうだい」です．もちろん，「同居して」の意味ではありません）にむりなく溶け込めるように努力が必要です．また，「きょうだいは自立して支え合う」という原則のもとに，「障害のきょうだい」を「きょうだい」にスムーズに引き継いでいく準備の時期です．将来の不安を自分自身で隠してしまって，何もせずに過ごすのではなく，親の会などで親同士が話し合ったり勉強するとともに，社会資源を活用した「障害のきょうだい」の「自立」に向けて活動を開始してほしいものです．

5　高齢期（親が亡くなる前後）

この時期の特徴

　親にかわって「きょうだい」が「障害のきょうだい」を支える時期です．しつこいようですが，ここでいう「支える」とは，同居するなどして直接的に介護をしたりすることではありません．「障害のきょうだい」がさまざまな人や社会に支えられて充実した人生を送ることができるように，「きょうだい」は，「障害のきょうだい」と心のつながりをもったり，支援者と連絡を取り合ったりして，側面から応援するのが役割だと思います．

　しかし，実際には，入所施設やグループホームを利用している場合は少なく，「きょうだい」がその両親とともに「障害のきょうだい」と同居している場合のほうが多いようです．この場合は，親がいなくなった後に課題が残ります．この課題を解決するために，入所施設の利用を希望する人が増えています．どんな形にしろ，安心できる形できょうだい

同士が関われるようになりたいものです。

　最近，高齢の親と「障害のきょうだい」が同居するケア付き住宅（アパート形式で，管理人の支援が利用できる住宅）などで，親子が互いに支え合うという試みも一部で始まりました。これは親が「障害のきょうだい」の世話ができる時期だけ成り立つものですが，1つの方法でしょうか。

「きょうだい」の課題

　この時期には「きょうだい」の2大問題のもう1つである「親亡き後の扶養」という課題があります。決して自分ひとりで抱え込まないように，施設や専門機関と協力して，きょうだいそれぞれが「自立」する方法を真剣に模索し，実現に結びつけることが必要です。そして，支援機関などの職員に「障害のきょうだい」の気持ちを代弁して要望をしたりすることができればとてもよいでしょう。直接的な関わりは無理のない範囲ですればよいのです。「障害のきょうだい」が入所施設にいる場合も同様です。

　同居する場合でも，ショートステイ（第Ⅱ部第6章を参照）などの社会資源を利用して，「きょうだい」も「障害のきょうだい」もともに負担にならない工夫が必要です。

家族（親）の関わりと課題

　親がもう世話ができないようになって，突然「障害のきょうだい」を入所施設に入れたり，「きょうだい」に同居を求めたりすることだけは避けてほしいと思います。これは「障害のきょうだい」にとっても「きょうだい」にとってもつらいことです。親が元気なうちからグループホームなどで宿泊体験をするなど，心と体の準備をしてほしいものです。

社会の関わりと課題

　親が元気なうちに，宿泊体験をしたりして「自立」に向けた準備がで

きるような，体験型グループホームなどのシステムが必要です。

　重度の人も心地よく暮らせるグループホームなど，障害のある人の自立支援システムの充実が切に求められます。この場合，あくまで中心は障害のある人本人です。柔軟かつ強力な自立生活支援のシステムが必要です。それが「きょうだい」の求めにも答えることになります。

　このような視点での施設や福祉サービスの整備が不十分であるのが現状です。自立に向けた支援方法の実践的研究が求められています。

3　障害のあるきょうだいと「ともに生きる」──まとめにかえて

　わたしたち人間は，「自立」しているといってもひとりで生きていくことはできません。みんな，さまざまな人や社会に支えられて生きています。障害のある人もその「きょうだい」も同じです。障害のある人は「特別な支え」のもとで，「自立」生活が可能になるのです。また，障害のある人がかならずしも「きょうだい」に世話してもらうのを望んでいるとはかぎりません。わたしの弟の場合も，わたし（兄）と一緒より，アパートでの一人住まいの方がよほどよいようです。

　一方，誰でも人生のほとんどの時期を共有するのはきょうだいです。普通，親は先にいなくなります。ですから，きょうだい同士が心を支え合うことは，誰もが望むことだと思います。障害のある人にとっても同じです。障害のある人の自立生活を支える社会資源を，仮に「自立生活支援システム」と呼ぶとすると，その支援に「心」を与えるのが「きょうだい」の役割だと思います。たとえ遠く離れて生活していても，何かの時には電話で本人や支援システムの職員と連絡を取り合い，心の通った支援を実現していくことが可能なはずです。

　「きょうだい」にとっての有力な「支え」の1つは，同じ立場の仲間同士の支え合い（セルフヘルプ）です。「きょうだいの会」は，同じ立

場の会員同士が互いに悩みや体験を語り合う場であるとともに，さまざまな知識や情報を提供しています。課題をもった時に，これに立ち向かうノウハウと勇気を共有できるはずです。

注
「全国障害者とともに歩む兄弟姉妹の会」（略称：きょうだいの会）
〈成り立ち〉
- 1963年，一人の青年が新聞に投書し，「一人だけで苦しむのはよそう…」と呼びかけて会が結成されました。

〈主な活動〉
- 本部は，支部等や直属会員の活動を援助するとともに，国や社会への働きかけ，研究や情報の収集と提供，相談活動，機関誌『つくし』の発行などをしています。
- 支部は，会員が直接関わるところです。障害のあるきょうだいと一緒にレクレーションをしたり，会員同士の親睦や相談，学習活動，施設見学，他の支部との交流を行っています。支部のお知らせや機関紙の発行など，支部ごとに独自の活動をしています。

〒136-0073　東京都江東区北砂1-15-8　地域交流支援センター内
　　　　　TEL　03-5634-8790／FAX　03-3644-6808
　　　　　ホームページアドレス　http://www.normanet.ne.jp/~kyodai/
　　　　　メールアドレス　　　　kyodainokai@yahoo.co.jp

［田部井恒雄］

学習課題　次の課題について話し合ってみましょう。

1 人は，生涯をとおして，親やきょうだいとどのように関わっているのでしょうか。あなたの理想と現実について話し合ってみましょう。

2 社会の偏見とはどういうことでしょうか。障害をもつ人や「きょうだい」に対する偏見について考えてみましょう。

3 自分が重度の知的障害のある人の姉（弟）だったとしたら，今何をするべきか考えてみましょう。

参考文献

全国障害者とともに歩む兄弟姉妹の会（編）『障害者のきょうだいに関する調査報告書』1997年

全国障害者とともに歩む兄弟姉妹の会東京都支部編『きょうだいは親にはなれない…けれど：ともに生きるPART 2』ぶどう社，1996年

三原博光『障害者ときょうだい：日本・ドイツの比較調査を通して』学苑社，2000年

横浜市自閉症児・者親の会編『自閉症の人たちのらいふステージ』ぶどう社，1997年

石川到覚・久保紘章編『セルフヘルプ・グループ活動の実際：当事者家族のインタビューから』中央法規出版，1998年

Ⅰ 地域での生活をつくる営みについて学ぶ

第2章
親として子どもの生活を支える

　まず，ある障害のある子どもとその家族の風景を描きます。そこから，障害のある子どもの周囲の環境調整を親が支援するとはどういうことかについて考えます。さらに，障害のある子どももその家族も，それぞれが自立して自分らしくいきいきとした人生を送ることを念頭におきながら，障害のある子どもに対し親が担う役割について考えてみましょう。

1　ある障害のある子どもとその家族の風景

　太郎君は，特殊学級にかよう小学校2年生です。特殊学級は学区外の小学校にあるので近所に顔見知りはほとんどいません。太郎君は，両親と学区域の小学校にかよう花子さんというお姉さんといっしょに，郊外のベッドタウンで暮しています。近所にはおじいさんとおばあさんが住んでいます。太郎君には言葉をはじめとする知的な発達の遅れがかなりあります。しかし，それよりもお母さんを悩ませるのは，しょっちゅう行方不明になったり，バスのなかで落ち着きなく動き回ったりすることです。知らない人の家にあがりこんでしまっているところを発見されたこともあります。同じ特殊学級の先輩のお母さんによると，これは太郎君のような障害にはよく見られる症状だそうです。

　でも，そんなことを知っても，お母さんにはなんの意味もないように思います。太郎君といっしょにまちにいるといつも変な眼でみられているような気がしますし，実際に文句をいわれたりすることもたびたびです。外見からは太郎君に障害があるとはわからないので，世間の人から

は「よっぽどしつけの悪い子どもだ」とみられるようで太郎君といっしょの時はいつもびくびくしてしまいます。どうにも困ってしまう時は，市の緊急一時保護という福祉サービスを利用して太郎君を預けることもあります。でも，「特別な理由がないと使えない」といわれているのと，世間の人からは，「家族なのに」といわれそうで，積極的に使うのにもためらいがあり，お母さんは一時も気の休まる時がないと感じています。

太郎君のおじいさんとおばあさんは，同居はしていませんが，近所で暮しています。長女の花子さんが生まれた時は，あんなに喜んで育児も手伝ってくれたのに，太郎君には，ほとんどかまってくれません。はっきりといわれたことはありませんが，障害のある長男を生んだのは嫁の責任であると思っているのかもしれません。

お姉さんの花子さんは，なにかと理由をつけて祖父母の家に，遊びにいっています。自分の家にいると，太郎君のことをみていなさいといわれるのがいやなようです。弟としての太郎君がかわいくないわけではないようですが，それでも近所の同級生には太郎君のことを知られたくないとも思っています。

太郎君のお父さんは，サラリーマンで忙しく働いてます。景気も悪く，仕事も大変です。お母さんが太郎君のことでノイローゼ気味なのが気にはなるのですが，でも，気持ちにも時間にも余裕はありません。でも，時どきぼんやり考えるのは太郎君の将来のことです。「20歳になったら障害基礎年金とかもらえるそうだけど，太郎君がひとりで暮らしていくとしたら生活費も足りないだろうし，太郎君はひとり暮しはおろか，どうせ就職も結婚もできないだろうから，やはり入所施設とかにはいるのが一番いいんじゃないかな」とか。

最近，太郎君の行動に変化があります。外に出たがらなくなり，1日中，同じような遊びをしながら過ごしています。いろいろ外で問題を起こさなくなったということで，家族はみんなほっとしています。でも，

お母さんにはそれはそれで心配があります。おとなしくなったかわりに太郎君がいきいきとした表情をみせることもほとんどなくなりました。いつもおどおどとしているようにみえ，好き嫌いもはっきり表現しません。そのくせ，なにかあると大きな声をあげたりしてパニックを起こし，自分の頭を叩きます。

　いったいどうしたのだろう…でも，お母さんの新たな悩みを相談できる人は家族のなかにはだれもいませんし，お母さんも，時間に余裕ができたので花子さんの友達の親と楽しむ機会が増えたりして，これはこれでいいことだ，と自分に言い聞かせることにしています…。
（これは現実には存在しない家族の話です。）

2　パートナーとしての尊重

　障害のある子どもを生んだ母親の多くは，自分自身が障害をもったような気持ちと状態になります。自閉症など，生まれてすぐにはよくわからない，外見では判断がつきにくい障害の場合には障害の認識と受容もままならないのに子どもの介護等で疲れ果て，同時に周囲の偏見などにも対処しなくてはならない母親は，障害の当事者に似た孤独と無力感にさいなまれがちであり，パートナーとしての父親の支援は重要です。

　多くの家庭では，生計を支える主たる柱は父親です。しかし，「生計を支えている」ということで，母親のほうが遠慮しすぎてはいないでしょうか。父親にも協力を求め，子どものことについて，自分の悩みについて，生活のことなどについて率直に相談し巻き込んでゆく姿勢が，母親のほうにも必要です。

　こういったことは母親が仕事をもっている場合でも同様です。それは，夫婦が互いをひとりの人間として，パートナーとして認めるということでもあります。仕事と家庭の間で悩むありのままの姿を受け入れてもら

えないと，父親も行き詰まってしまうでしょう。障害のある子どもと暮していくことを前提にして，いままでの人生の棚おろしを行い，生活の座標軸を組みかえてゆける本当のパートナーシップが求められます。

3　家族という社会の関係調整

　親子というのが子どもにとっての最初の人間関係であるならば，家族というのは，最初の「社会」であるといえます。母親が子どもの障害を受容するためにも，夫婦の親である祖父母との関係は特に重要です。

　特に父方の親は，子どもが障害をもったことの責任が母親にあるように非難してしまうこともよくあることです。これは母親としては特につらいものですが，息子である父親がいかにこの障害をもった子どもをかけがえのない存在として愛しているかを祖父母のまえで語り，実際にもその姿を見せるような働きかけも必要かもしれません。

　障害のある子どもの兄弟姉妹の問題については，どうでしょうか。障害のある子どもが生まれた時は，ついその子どものことで無我夢中になり，兄や姉については，どうしてもしわ寄せがきてしまいがちです。

　それ自体は避けられない時もあるかもしれません。ですが，せめて他の兄弟姉妹のことも平等に愛しているということをおりに触れてきちんと言葉にして伝えてあげなくては彼らもつらいでしょう。親は，障害ある子どもの兄弟姉妹が，自分たちと同じく障害のある子どもを介護する側であることを期待します。しかし，彼らは，介護者である前に，まず平等に自分たちの子どもであるということを忘れてはなりません。

　障害のある子どもに弟や妹が生まれることもあります。その時，父親は，少なくとも出産と育児の負担の多くは母親にかかるであろうことをよく念頭においたうえで，まず，母親の本当の気持ちを確認してそれを支え，現実的な対応についてよく話し合うことが大切です。

4　障害のある子どもの内面を育む

　一般に，人間関係のなかで相手のことを尊重しながらも，むやみにその意向に振り回されたりすることなく自分の意思を伝えてゆくためには，自分自身の心のなかに，「自己信頼」とか「自尊感情」といわれるものがきちんと備わっている必要があるといわれています。そして，とりわけ障害のある人にとっては，障害をもっていてもいきいきとした生活を送り，さらに将来，ひとりの人間としてそれなりにきちんと自己主張したり選んだりする力を発揮するには障害の重さよりもこの自尊感情の形成が大きく関係しているようです。

　自尊感情はどのようにして育つのでしょうか。人間には生まれつき，他の人間と親密に交わりたいという気持ちがあり，それが対人関係を生みます。対人関係においてひとりの人間として尊重され愛し愛された経験，特に乳幼児期における他の人間との親密な時間の共有が，自尊感情の形成の基礎です。親が障害のある子どもの自尊感情の形成に果たす役割の大きさが理解されると思います。

　もちろん障害の原因と自尊感情とが関係があるわけではありません。また，障害の症状のあらわれ方には個性も大きく影響し，育て方とも直接的なつながりは薄いといわれています。しかし，自閉症や知的障害における強い行動障害や自傷行為，反社会的行動などのある人とその人の自尊感情の低さは関係があるのではないかと考える人はいます。

　障害の原因を母原病としたり，すべての介護責任を家族に背負わせるような誤った考えとははっきりと決別する一方で，言葉や身辺自立などに対する療育にのみとらわれることなく，親として障害のある子どもの内面を育むことに自覚的に取り組むことは忘れてはならないことだと思います。

5　大人になった子どもへの支援

　障害があってもなくても，子どもはいずれ思春期を迎え，成人していきます。そうした時，子育てに一生懸命で，苦労もした親ほど，子どものひとり立ちは認めにくいものです。たしかに障害のない人に比べ，障害のある心身の機能については，部分的には年齢相応ではないかもしれません。しかし，全体としては，年齢相応の「大人」であるという認識をもたなくてはなりません。「大人」は，自分のことを自分で決める権利をもっており，どんなに障害が重度で心身の介護をうけており，身の周りのことがひとりでできなかったとしても，その人の人間としての意志と選択は，まず尊重されるべきです。仕事，独立した生活，結婚，出産，すべての人生の局面で，まず本人の意志が尊重されたうえで，それが現実的に可能か，実現するにはどういうサポートが必要なのか，といったことがその順序を違えず慎重に検討されなくてはなりません。

　また，障害のある人が成人しても介護が必要だとしても，その責任は親だけに押し付けられるべきではないし，逆に，その人の人生そのものや障害基礎年金や障害手当を含むその人の収入財産は，その人本人のものです。残念なことに，日本には，障害のある人が成人しても家族に扶養責任を負わせる制度がまだまだ残っています。また，制度だけでなく，人々の，そして親自身の意識の中にも根強くあるようです。こういった制度や意識が，障害のある人を社会全体が支え，障害のある人もない人も，自立していきいきと暮らせる社会をつくることを妨げています。

6　親の役割とはなんでしょうか

　ここまで考えてきて，そうすると，障害のある子どもに対する親の役

割，そして，とるべき姿勢とはどんなものなのでしょうか．すこし整理してみたいと思います．

　子どもに対して親が果たすべき役割というのは，子どもが障害をもっていてもいなくても基本的には同じです．障害のある子どもとの生活を特殊なことであるかのように考えることは誤っています．しかし，障害ある子どもと暮らすということは，彼らが受けているさまざまな社会的制限をいやというほど感じるということです．図1-2-1に示したように，障害のある子どもの参加を前提に考えられていない多くの社会的しくみや制度，周囲の人たちの態度が，バリア（障壁）になっています．子どもが障害をもちながらも自分なりに人生を楽しみ成長してゆくことを妨げるのは，心身の障害そのものよりも，こういった社会環境のバリアのことが多いのです．障害のある子どもの親は，好むと好まざるとにかかわらず，障害のある子どもと社会環境の間に立って，それを調整してゆく機能を果たすことになります．

　親が障害をもった子どもとその環境（親自身も環境の重要な一部です）に対する調整役としての役割を自覚してそれを積極的にひきうけようとするかどうかが，環境のバリアの高さを大きく変え，さらに親自身の生活を前向きに変える契機ともなりえるかもしれません．

　周囲との軋轢を単におびえたり避けたりするのではなく，その場で障害の説明をして周囲に理解を求めたり，場合によっては，あらかじめ近所にそういう説明をしておくなどの対応も可能かもしれません．障害のある子どもでも安心して公共交通や施設を利用できるようなしくみや工夫を提案したりすることも考えられます．深呼吸して，少し視点を変えて，半歩踏みだしてみる．子どもを変えたり自分が我慢したりするだけではなく，環境のほうにも働きかけてみるという姿勢をもつことも大切ではないでしょうか．社会的な意識や制度が変わるには，違った立場の人たち同士の相互理解と共感がひろがることが必要です．それには，家

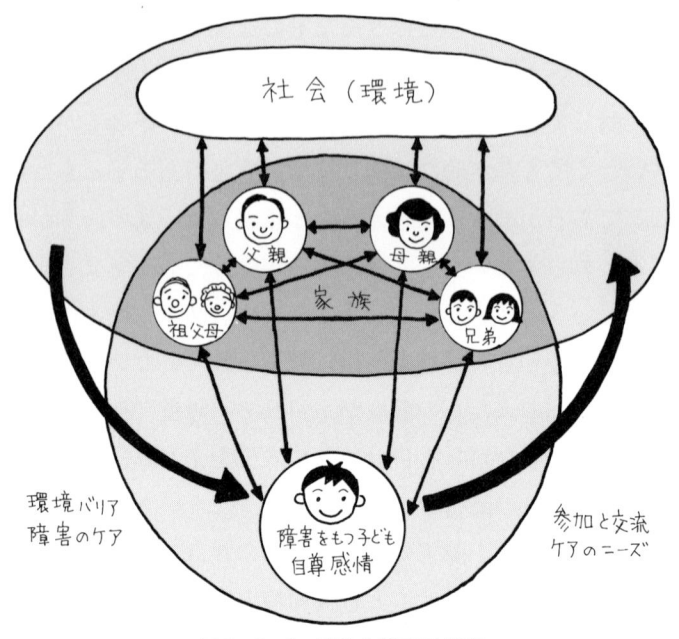

図1-2-1 家族と障害の構造

庭内や障害の家族同士の関係を超える地域でのつながりや活動の場も作らなくてはならないでしょう。

　障害のある人もない人も，関係者もそうでない人も，立場を超えて同じ市民としての連帯と協働のもとに，障害のある人もない人も暮らしやすいまちづくりが求められていますが，障害のある人と社会環境のあいだで調整役を果たしてきた親にも大きく貢献できるテーマなのではないでしょうか。

　日本の障害者福祉も，障害があっても特別な施設などに入らず，必要なサポートを受けながら普通に暮らしてゆく在宅福祉への転換期を迎えています。しかし，それは，成人した障害のある人が家族と一生同居し，その保護をうけるということではないはずです。障害のある子どもが大人になったら，親も大人としての人格を尊重し自立を妨げない。一方で，

障害のある人の支援者として理解と交流を図り，同じ地域の市民として人間としての当たり前に暮らす権利と環境を守る。親の役割もライフサイクルによって変わってゆく必要があるのは，しかし，障害があってもなくても同じですね。

[岡部耕典]

学習課題

1 環境のバリアにはそれぞれどんなものがあるでしょうか。列挙してください。

2 地域の福祉事務所にいって障害をもっている子どもとその家族を地域で支える福祉サービスにどんなものがあるか，調べてみましょう。

3 所得保障としての障害年金や公的扶助，福祉サービスのための支援費支給の制度や運用において，障害のある人の主体性と自立を妨げている点があればあげてください。

参考文献

ともいくクラブ編『明日へのリスタート』ともいくクラブ，2000年
　＊障害のある子どものお母さんたちが作った自分たちのためのガイドブック。

ヨーランソン, S.・ヴァルグレン, A.・バルイマン, S. 尾添和子・山岡一信訳『ペーテルってどんな人？』大揚社，2000年
　＊知的障害のある人の内面世界を知るための好著です。

鯨岡峻『関係発達論の展開』ミネルヴァ書房，1999年
　＊親子，人と人との関係を深く考えたい人のために参考になります。

スポック, B.・レリゴ, M.『スポック博士の心身障害児の療育：親のためのアドバイス』岩崎学術出版社，1972年
　＊障害のある子どもをもつ親のための古典的名著です。

（ホームページ）　イナッフ・フォア・トゥデイ？　http://www.eft.gr.jp/
　＊「障害のある人と共に生きる」がテーマです。心のバリアフリー市民会議のページもここにあります。

走れ一輪車

良く晴れた日，冬の公園
人恋しくて遊具に突進する亮佑に
女の子たちが一斉に冷たい目を向ける
（まるで意地悪な女学生のよう……）

いつもながらのこと
なんどもくりかえされていること
やりきれない思いとともに
のどの奥の冷たいものを飲みこむ

と，そのとき，亮佑は！

先ほど打ち捨てた一輪車にまたがると
ベンチの端を掴み
軽く前後にペダルを漕ぎ！
勢い良く走りだす

その姿は風のよう
女の子たちが軽く息を飲む目前を
歩道を
落ち葉の上を
疾走し
坂を登り
階段を（！）駆け降りる

青い空の下
冷たい風に
頬を赤くして
満面の笑みで
自慢の電車を右手に
木立を駆けぬけ
花壇を巡り
走り
曲がり
停まり
走りだす

絶妙のバランスで
軽やかに力強く
「自立」の喜びに溢れ
走り抜ける

岡部亮佑
自閉症
愛の手帳2度
来年2月18日にて満9歳
成人式まであと11年

どこまで一輪車は疾走するか
どこまでその一輪車についていけるか

するりと公園を抜けて車道を突進
一輪車を追いながら考える

一輪車は走る
絶妙のバランスで軽やかに
転んでも倒れても

いつまでも
どこまでも

私が死んだあとも

[岡部耕典]

Ⅰ　地域での生活をつくる営みについて学ぶ

第3章
ボランティア活動と地域参加

　みなさんは，ボランティア体験がありますか。ボランティア活動への参加意識状況をみますと，図1-3-1の「ボランティア活動への関心と参加経験」に示されているように，ボランティア活動への関心は6割の方々がもっていますが，実際に活動に参加した経験をもつ人は3割という実態が見られます。この開きは何を物語っているのでしょうか。また，今後その開きは縮まっていくのでしょうか。ボランティア活動は，ボランティアする人とそれを受ける人との相互関係により成り立つ活動といえます。ここでは，ボランティア活動の原則などについて考えてみましょう。

1　ボランティア活動

　わが国でもボランティア，あるいはボランティア活動という表現がよく使用されるようになりました。なじみやすいものとなってきましたが，「ボランティア」（volunteer）は本来日本語ではなく，その表記も「ヴォランチア」「ヴォランティア」「ボランティーア」などの呼び方を経ており，その変遷を垣間見ることができます。

　戦後，日本語への適訳が見い出せないままに，カナ書きのまま使用されて現在に至っています。呼び方での，ボランティアとボランティア活動とは「ボランティアする」など，ほぼ同じ意味合いで使用されています。

　一般的に，「奉仕」とか「奉仕活動」という表現がよく使われますが，日本語では言いあらわし切れない意味を含んでいる言葉です。ともすれば，「奉仕」という表現にかわる言い方を見い出していけるかどうかが現代の課題ともいえるのではないでしょうか。あるいは，そのまま日本

30　Ⅰ　地域での生活をつくる営みについて学ぶ

ボランティア活動に対する関心
- 1.4%
- 9.2%
- 11.6%
- 27.5%
- 50.3%

ボランティア活動への参加経験
- 0.9%
- 30.1%
- 69.0%

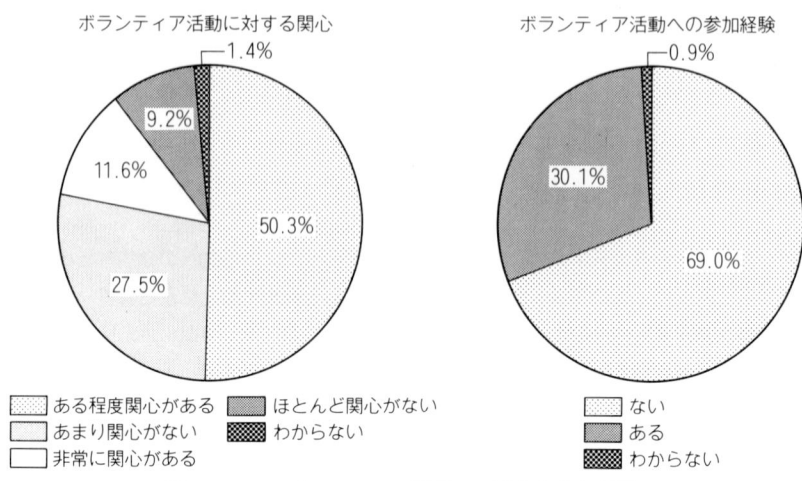

凡例（左）：
- ある程度関心がある
- ほとんど関心がない
- あまり関心がない
- わからない
- 非常に関心がある

凡例（右）：
- ない
- ある
- わからない

図1-3-1　ボランティア活動への関心と参加経験
出所：「生涯学習とボランティア活動に関する世論調査」（総理府　平成5年11月調査）

語として定着してもよい程生活に浸透してきているのかもしれません。

　ボランティアは，地域福祉の視点からすると地域での問題や課題の発生に気づき，活動や啓発を通してその解決のため自発的に動き出す市民，あるいは住民の行動です。そうした意味からすると，ボランティアの起源は，産業革命後の社会問題の多発，それらの問題解決に向け住民が自主的・組織的に取り組みだす19世紀後半に求めることができます。その活動は，次節②「ボランティア活動原則」とも関係してきます。

　ところで，ボランティア活動への参加者数は，『ボランティア白書'96-'97』[1]によると表1-3-1の「ボランティアグループ数および活動者数の年次推移」に見られるように，参加者は年を追って増えています。特に阪神・淡路大震災（1995年）における多くの人びとによるボランティア活動は記憶に新しく，老若男女を問わず100万人以上の人が現地に駆けつけ救助活動に参加したといわれています。特に若者の参加が特徴的でもありました。

　次に，ボランティア活動を始めた動機を複数選択により見てみますと，

第3章 ボランティア活動と地域参加

表1-3-1 ボランティアグループ数および活動者数の年次推移

(昭和55年4月～平成7年3月)

調査時点	ボランティアグループ数	グループ所属の活動者数	個人で活動している活動者数	ボランティア活動者総数
昭和55年4月	16,162	1,522,577	50,875	1,603,452
56年4月	24,658	2,426,437	144,020	2,570,457
60年4月	28,239	2,699,725	119,749	2,819,474
61年4月	28,239	2,728,409	147,403	2,875,812
62年4月	32,871	2,705,995	182,290	2,888,258
63年4月	43,620	3,221,253	164,542	3,385,795
平成元年9月	46,928	3,787,802	114,138	3,901,940
3年3月	48,787	4,007,768	102,862	4,110,630
4年3月	53,069	4,148,941	126,682	4,275,623
5年3月	56,100	4,530,032	159,349	4,689,381
6年3月	60,738	4,823,261	174,235	4,997,469
7年3月	63,406	4,801,118	249,987	5,051,105

出所:『ボランティア白書'96-'97』編集委員会(編)『ボランティア白書'96-'97:自分が変える,社会が変わる』JYVA 社団法人日本青年奉仕協会, 1997年, p.12

図1-3-2の「ボランティア活動を始めた理由」に示されているように,「社会の役に立ちたい」(66.8%),「自分の勉強になる」(56.1%),などが上位を占めています。そこには他への意識と共に,個人の課題も入ります。よく耳にする言葉に,ボランティアを「楽しむ」,ボランティアが「楽しい」,といういい方がみられますが,ボランティア活動の広がりや浸透性からするとそこに良好な相互の関係性を垣間見ることができます。

そうした関係は,M・チクセントミハイが「フロー状態」と呼ぶ「楽しさ」(実在感に満ちた楽しい状態)といえます。確かに,「楽しさ」の理論化にはむずかしさはありますが,それらは肩に力が入らずに行えるボランティア活動の要素の一つともいえます。また,ボランティア活動が好きだから気軽に行える,としたことも活動では大事であり,継続する上でも大切な点といえましょう。

図1-3-2 ボランティア活動を始めた理由

「あなたが，現在の活動を始めたきっかけ・理由は何ですか。(3つ選択可)」

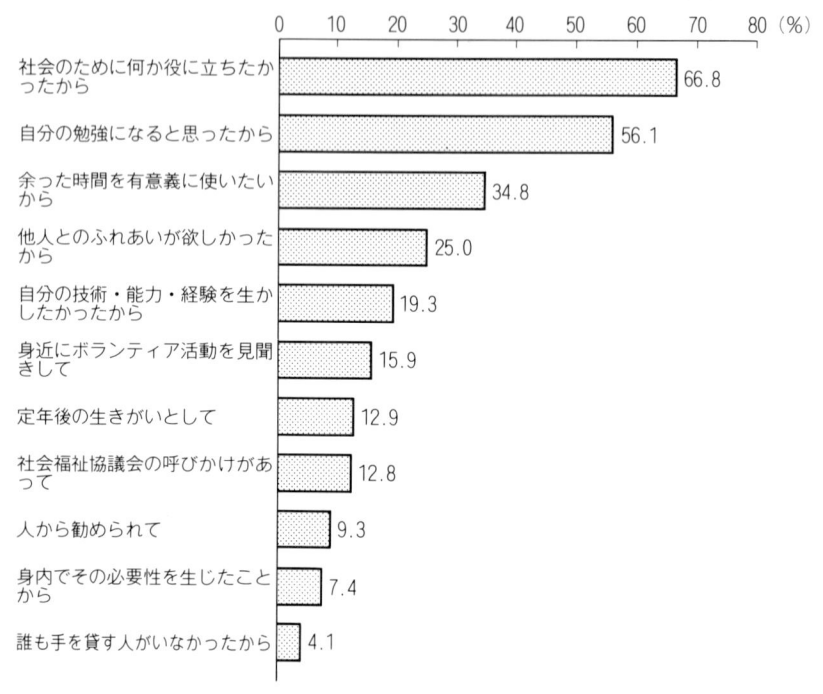

理由	%
社会のために何か役に立ちたかったから	66.8
自分の勉強になると思ったから	56.1
余った時間を有意義に使いたいから	34.8
他人とのふれあいが欲しかったから	25.0
自分の技術・能力・経験を生かしたかったから	19.3
身近にボランティア活動を見聞きして	15.9
定年後の生きがいとして	12.9
社会福祉協議会の呼びかけがあって	12.8
人から勧められて	9.3
身内でその必要性を生じたことから	7.4
誰も手を貸す人がいなかったから	4.1

出所：東京都社会福祉協議会ボランティア・センター検討委員会『東京におけるボランティア活動推進のあり方検討委員会報告書』東京都社会福祉協議会東京ボランティア・センター，1977年

2　ボランティア活動原則

　ボランティア活動には，一般的に「3原則」があります。それは，①自主性・主体性（自主的，主体的な自らの意志と思惟によって行う活動），②自発性（自らすすんで喜んで行う活動），③無償性（営利を目的とするビジネスとは異なる活動），の3つの活動原則です。[2]

　しかし，時代変化のなか，東京ボランティア・市民活動センター（旧

名称：東京ボランティア・センター）によると，その広がりと発展から，現在では「4原則」があげられています。そして，それらは相互に関連性をもっている点が特徴でもあります。⁽³⁾

①自主性・自発性（個人の内発的な動機や気持ちに基づく自由な活動であり，決して人から強いられたり，命令されて行う行動ではない）

②社会性・連帯性（社会的な諸課題に対する自発的な行為であり，自発性にもとづく個人の活動によって，社会にある様々な課題を乗り越え，一人ではなく他の人とも積極的に関わる中で育まれる人間関係や活動）

③無償性・無給性（活動の対価や見返りを求める活動ではなく，むしろ，「金銭では結べない人間関係の価値」に重きを置いた考え方）

④創造性・開拓性・先駆性（社会にある課題に率先してかかわり，市民の立場から問題に対処する機能である。…中略…問題が顕在化し一般化しないと対応できない行政とは異なり，市民が社会の歪みや新しい課題を積極的に行政や社会に問題提起し，かかわっていくこと…中略…民間の自由な立場から，問題に関わる様々な人々との協議の中で，創意工夫が行われ，活動が豊かになる）

こうした原則については，日常活動において体験的にわかるものですが，整理されることによりボランティア活動といわれるものが把握できやすくなるのではないでしょうか。ともあれ，原則にとらわれすぎることなく，いつでも，どこでも，だれでもが，気軽に行えるものがボランティア活動といえます。

一人ひとりが個性をもち，価値観をもっているように，その人に合った活動方法を探すのも良いのではないでしょうか。枠が設けられないほどにボランティア活動は多様化してきており，出会い・ふれあい体験の

機会は無限に近いといえます。一方，行政においてはそのための条件整備，設備の充実などの役割が一層求められています。

ところで，欧米社会においては，ボランティア活動の核にボランタリズムをみることができます。それは，自由意志で何かを人のために，あるいは社会のためにするとした考え方の源となり，生活に根ざしている思想です。ボランタリズムの特徴としては，キリスト教に依拠する愛他性・公益性が主となり，自己献身性をあげることができます。それらは社会に根づき，生活に密着している思想といえましょう。

一方，わが国においては戦後の日本国憲法公布により，基本的人権の尊重や自由権の保障などが確立された経緯があり，個人の自発性や自由意志の尊重をボランティア活動の原点とするならば，ボランティアが生まれたのはまさに戦後になってからといえましょう。つまり，「個」が尊重され，確立されたことによりボランティア活動は本格化への歩みを始めたということができます。まさにボランティアは，市民の成長と共に発展してきているといえます。

なお，同『白書』でも，ボランティアの「3原則」と「活動特性」を挙げていますので，参考のため列記しておきます。3原則には①主体性の原則，②非営利性の原則，③市民公益性の原則が挙げられ，活動特性としては①効率性，②創造性，③先駆性，④実験性，⑤柔軟性，⑥多様性，⑦機動性，⑧迅速性，⑨批判性，⑩公開性がみられます。

3　「無償性」と「有償性」

先に，ボランティア活動の原則として「無償性」をあげましたが，最近の傾向に「有償ボランティア」という表現が聞かれるようになってきました。時代の変遷のなか，「無償性」は変化していくものなのでしょうか。ボランティア活動における「無償性」・「有償性」の変遷をここで

は追ってみます。

　はじめに，「報酬」というものに対する意識ですが，『国民生活白書』2000年版によると，「実費くらいは受け取っても良い」（38.7％），と「若干の謝礼くらいは受け取ってもよい」（11.2％）とを合わせると，約半分の人たちが肯定的な意見を持っていることになります。1993年（それぞれ，41.5％と10.1％）と比較してみますとわずかに減っていることがわかります。

　さらに，「一切受け取るべきではない」との意見はというと，2000年では19.4％となり，1993年の29.9％より，約1割減っています。何かをしてもらうとタダでは納得しにくい意識がどこかに残り，いくらかなりとも報酬（あるいはそれにかわる何か）を払った方が日本的には落ち着くのでしょうか。さらには，時代の変化が関係してくるものなのでしょうか。

　一方，ボランティア活動は自前で行うもの，手弁当，無報酬が当たり前との意見もあります。いわゆる，ボランティア活動の本質は無償性にある，とするものです。人間的心の交流や非営利性など，ソフトな人との関係をベースに展開される以上，そこに対価としての金銭は介在しにくいものともなっていきましょう。総理府の「生涯学習とボランティア活動に関する世論調査」（1993年）では，「無償で行う奉仕活動」（50.2％）を，2人に1人がボランティア活動として受け止めています。

　このことは，全国社会福祉協議会がまとめた「ボランティア活動を育成するために——ボランティア育成基本要項」（1968年），において，原則として「対価としての報酬」を受けないもの，と共通した面をみることができます。『ボランティア活動ハンドブック』[4]では，無報酬を以下の2点から取り上げています。

　　①ボランティア・サービスは，それが金銭で評価されることを期待しない。
　　②ボランティア活動は，なんらの物質的報酬を期待しないでなされ

る無償性を重視する。

　奉仕の精神というより，市民的義務というべきだろう，というものです。そうしたなか，地域で在宅福祉を支える流れのひとつに「有償ボランティア（ペイド・ボランティア）」活動の広まりがみられます。ボランティア意識は変化しているといえます。

　ここで2つの調査例を紹介します。

　まずはじめに，サービスを受ける側としてのお年寄りへの「在宅ケア」アンケート調査(5)であり，そこでは，「無償でいい」と答えた人は15％であり，あとは「若干の報酬が欲しい」との回答が見られたとのことです。若干の金額としては，時間にして約700円ぐらいが挙げられています。時代の移り変わりから「多少の『有償性』は仕方がないではないか」との意見が挙がっている状況を見ることができます。

　次に，大学生の意識調査(6)が挙げられます。男245名，女219名の計464名を対象にしたものですが，ボランティアに参加しようとする若者の「有償性」への意識を示しているといえましょう。調査によると，「交通費などの実費程度のものの支払い」ならよいとするもの（42.7％）「ボランティア精神を失わない程度の報酬」ならよいとするもの（37.7％）と，実費，謝礼程度を肯定する者が約8割を占めていることがうかがえます。さらに，「有償性」のメリットとして以下の3点が上げられていることにも興味が引かれます。

　　①お金がないからボランティアに参加できないという人にとって好都合であること。
　　②やっている者に責任感が生まれサービスの質が向上すること。
　　③無償でサービスを受けることに気がひけるという受け手にとって好都合であること。

　ところで，東京ボランティア・市民活動センターの「無償性」への捉え方の変化にも興味がひかれます。そこでは，「無償性，無給性」を

野外キャンプボランティア

「交通費などの実費分までは無償の範囲とする」，とした考え方が取られるようになってきたことです。そして，実費弁償まではボランティア活動に入っている，という見方が増えてきています。確かに，交通費などの出費を考えて活動参加ができないことを思うと，そうした意見が増えるのもうなずける気がします。しかし，こうした状況のなか，ボランティア活動を行うことにより，お金には換えられない「喜び」「やりがい」などの，心の充足感を得ていることもあります。

　最後に，わが国における民生委員の制度について触れたいと思います。民生委員（現：民生・児童委員）は，市町村の区域において，厚生労働大臣より委嘱された「行政ボランティア」です。地域生活に密着したきめ細かな活動を展開しており，地域におけるその役割は大きいといえます。制度的には「民生委員法」（昭和23年制定，改正平成12年）に基づくものであり，任務として，「社会奉仕の精神をもって，常に住民の立場に立って相談に応じ，及び必要な援助を行い，もって社会福祉の増進に努める」（1条）とする，いわゆる官製ボランティアです。歴史的にも日本の土壌に根づいて発展してきている経緯が見られます。古くは方面委員と呼ばれ，昭和11年に公布された「方面委員令」により全国的な制度として生まれ広まりました。

　現在，行政への協力機関として位置付けられ活躍しています。その数

は，『厚生労働白書』（平成13年版）によると，1998年12月1日現在全国に202,369人が数えられます。主任児童委員（14,455人）を含めると，216,824人になります。活動も，地域福祉全般に関わり，内容も「友愛訪問」はじめ，「調査」「諸会合・行事への参加」「施設・団体・公的機関との連絡」など多岐に渡っています。諸外国には見られない制度の一つであり，日本的ボランティア活動といえましょう。また，民生委員の任期は3年と定められており，その間の活動では無給が原則とされています（同法10条）。

　以上みてきたように，ボランティア活動は，課題を含みながらも着実に生活に根付いてきています。その分野も多種多彩であり，NGO（非政府組織）やNPO（非営利団体）をはじめ，今や環境問題を含め広範囲に及んでいます。また，人権と福祉を守るネットワークを介して世界とも繋がっており，福祉情報は瞬時に世界を駆け巡っています。そうした状況のなか，ボランティアにはこれからも多くの活動展開が期待されています。

　あなたも，人と人との暖かいふれあいの世界に一歩足を踏み出してみませんか。

[有安茂己]

注
(1) ボランティア白書編集委員会編集『ボランティア白書'96-'97』JYVA 社団法人日本青年奉仕協会，1997年，p. 12
(2) 「児童・生徒のボランティア活動ハンドブック」作成委員会『ボランティア ハンドブック——学校とボランティア活動——』東京ボランティア・センター，1992年，pp. 2-4
(3) 東京ボランティア・センター，ボランティア活動推進区市町村事務局連絡会議『「ボランティア活動の考え方・推進のあり方について」〜「ボランティア活動の中長期的な振興方策について」（意見具申）を中心に〜』東京都社会福祉協議会，1995年，pp. 16-17

(4) 全国社会福祉協議会・全国ボランティア活動振興センター編『ボランティア活動ハンドブック』全国社会福祉協議会，1980年
　　前掲「児童・生徒のボランティア活動ハンドブック」作成委員会『ボランティアハンドブック――学校とボランティア活動――』p. 4
　　「ボランティア活動に伴う費用の実費弁済までを範囲とすべきである」と，無償性に関する東京ボランティア・センターにおける二度の調査回答が70％を超えている。
(5) 若月俊作『ボランティアのこころ』労働旬報社，1993年
(6) 金原平太・藤岡肇・吉野直樹「ボランティア活動発展の条件に関する考察：ボランティアに関する大学生の意識調査を通じて」1995年（未公刊）
(7) 東京都社会福祉協議会ボランティア・センター検討委員会『東京におけるボランティア活動推進のあり方検討委員会報告書：東京ボランティア・センターのあり方を中心に』東京都社会福祉協議会東京ボランティア・センター，1977年，pp. 15-16

学習課題

1 みなさんのボランティア活動体験について話し合ってみましょう。どんなことが心に残りましたか。また，活動を行って困ったことはありましたか。

2 ボランティア活動における，「無償性」と「有償性」について話し合ってみましょう。

3 身近な，NGO（非政府組織）やNPO（非営利団体）の活動について考えてみましょう。

参考文献

大阪ボランティア協会編『ボランティア＝参加する福祉』ミネルヴァ書房，1981年
大阪ボランティア協会監修　巡静一・早瀬昇編著『基礎から学ぶボランティアの理論と実際』中央法規出版，1997年
副島洋明『知的障害者　奪われた人権』明石書店，2000年
チクセントミハイ, M.　今村浩明訳『楽しむということ』思索社，1991年
仲村優一・一番ケ瀬康子編集委員会代表『世界の福祉　日本』旬報社，2000年

Ⅰ　地域での生活をつくる営みについて学ぶ

第4章

学齢期の生活
―― 障害児教育と地域生活支援について

　あなたは，知的障害の人たちに会ったことがありますか。体の不自由な人や目が見えない人，手話で話している人はその様子から判断できますが，知的障害のある人のことは気づかないでいたかもしれません。また，学校教育を受けるチャンスに恵まれたのが，他の障害者に比べると年代的に遅れたので，学校やまちの中で会うことが少なかったともいえます。知的障害の原因などの解明については，まだまだ研究途上であり，医療分野の努力は続いています。教育の分野についても，1970年代に大きく変化をしてきました。就学前教育におけるインテグレーションも，幼稚園や保育所で意図的に行われています。そうした時代背景も心に置いて，知的障害児の教育について理解を深めていくことにしましょう。

1　知的障害児の学校教育

　なぜ，知的障害のある人たちは，学校に行かなかったのでしょうか。それは，盲・聾・肢体不自由の方たちは，自ら教育を受ける権利を主張してきたことに比べると，知的障害の人たちは，本人からではく，家族やその周辺の一部理解者の運動が行政に反映されるのに時間がかかり，対応が遅れてきたことが一因です。その上，乳・幼児期の医療や教育の機関が不十分で，彼らの心身の発達についての研究が進まなかったことが，大きな理由でありました。現在では，保健センター（保健所）などで乳児期からの発達診断を受診できたり，就学前通園施設で相談や日常の指導に応じるようになりました。

　学校教育については，全国的なレベルでは，1979（昭和54）年から障害児の「全員就学」が始まりました。東京都では，それに先駆ける5年

前，1974（昭和49）年から満6歳を過ぎた子どもは，全員義務教育を受けることができるようになりました。通学がむずかしい児童生徒については，義務教育期間は訪問教育を受けられるようになりました。そして，2001年度からは，養護学校高等部にも訪問教育部を設置できることになりました。障害のある人の学校教育を受ける権利や義務があいまいであったところを，学校教育法施行規則において，行政の責任が明確に規定されたのです。

　学校の選択は，保護者や本人の希望を留意しますが，かならずしも願いがかなうとは限りません。しかし，本人の不利にならないように，区・市の教育委員会には「教育相談室」「就学指導委員会」が置かれ，教育経験者や医療関係者などが相談にあたっています。また，公立の養護学校内にも「教育相談室」が設置されており，随時相談を受け付けています。

　全員就学義務化が始まった当初は，保護者も学校も選択に大変戸惑いましたが，次第に整備されています。現在，全国的に見ても，「就学猶予」（就学を遅らせること）のケースがありますが，「就学免除」はほとんどなくなっているようです。

知的障害児の教育の場

　知的障害児が教育を受ける場は，以下のようなところがあります。

普通学級

　みなさんと同じように，地域の学校に通っている人もいます。障害が重くても，きょうだいと同じ学校へ通いたいとか，自分が住む地域のなかでずっと暮らしていきたいという気持ちが強いからです。その場合，担任教師の他に介助員という補助の教師が付く場合もあります。これは，各区・市の教育委員会が派遣する制度を利用しますが，各地の行政の財政事情によって差があります。

心身障害児学級

　地域の小・中学校の中で特殊教育の学級が置かれているものの一つです。普通学級での学習はむずかしいけれど，地域のたくさんの友だちができるところへ通いたいという願いから選びます。一日の学校生活の時間帯はほぼ同じですが，学習内容は，児童・生徒の状態に合わせて特別の教科書を使用します。通級といって，時間割の一部に音楽とか，給食指導などの授業を受けるために，普通クラスに通う方法をとる例も増えています。

情緒障害児学級

　心身障害児学級と同様に地域の小・中学校に併設されています。障害の様子によって，特別な配慮を要する場合，たとえば，友だちが多いと興奮してしまうとか，興味が非常に偏っているといったタイプの児童生徒が多いようです。

そ の 他

　公立小中学校に言語障害児学級が設けられている場合もありますが，これは知的障害児に限らず，ことばの障害を克服するために通う人もいます。

知的障害養護学校

　東京都では，国立・都立・区立・私立の4種類で，34校あります。

　知的障害のある人だけが通う学校で，自分ができることを精一杯できるようにと，緩やかな学習内容で授業をしています。時間割も普通学級とは多少違います。

　自分が住む地域にあるとは限りませんので，小中学部の期間は，スクールバスを利用して通学する人が多く，高等部になると，一般的な社会生活への参加をめざして，公的交通機関を利用しての通学を勧めています。

　参考までに，知的障害養護学校高等部の時間割を見てください。みな

作業学習　　　　　　　　　　他校生徒との交流

さんが高等学校時代に見慣れた時間割と違うことに気が付くと思います。養護学校というのは，学校教育法において，普通教育に準ずる教育を行う学校として設置されています。児童生徒は1つずつ分科した教科の授業を受けるのではなく，一般の教科を合わせた指導で学習する形態がとることができるのです。その方が，生徒の生活にそった学習活動が展開できるという配慮から生まれた方法です。2003年実施の文部科学省による高等部新学習指導要領の盲・聾・養護学校編には，選択教科に「外国語」「情報」という分野も取り入れられました。現在，時代に合う教育課程が新たに編成されようとしているところです。

学校教育外

普通学級に通学する以外のインテグレーションの場のひとつとして，各区・市の福祉施策に学童保育というのがあり，地域の児童館や小学校に付設されています。普通は小学校3年生までを対象にしており，学校終業時刻から夕方5時まで保育する制度を障害児も利用できます。しかし，障害児の利用率はあまり高くないのが実状です。

特殊教育の現状は，「完全参加と平等」を目指す国連障害者年の意思を遂げるまでに至っていません。21世紀に新しい教育の扉を開こう，という流れは，文部省（現文部科学省）調査研究協力者会議「21世紀の特

（例）：2001年度（都立知的障害養護学校・時間割表）

曜日	月 A	月 B	月 C	火 A	火 B	火 C	水 A	水 B	水 C	木 A	木 B	木 C	金 A	金 B	金 C	土 A	土 B	土 C
1	日常生活（生活・HR）	日常生活（トレーニング）		日常生活（生活・HR）	日常生活（トレーニング）		日常生活（生活・HR）	日常生活（トレーニング）		日常生活（生活・HR）	日常生活（トレーニング）		日常生活（生活・HR）	日常生活（トレーニング）		日常生活（生活・HR）	日常生活（集会）	
2	作業			美術	音楽	国数（含・自立活動）	作業			保体	美術	国数（含・自立活動）	家庭			総合活動（特別活動）		
3	作業			美術	国数	保体	作業			国数	美術	国数	家庭			総合活動（特別活動）		
4	給食			国数	国数	美術	給食			国数	保体	国数	給食			日常生活（清掃・課題）		
5	保体	国数	美術	給食			日常生活（課題）			音楽	国数	音楽	生活（特別活動）			日常生活（生活・HR）		
6	日常生活（清掃・課題）			国数	保体	音楽	日常生活（生活・HR）			給食			給食					
7	日常生活（生活・HR）			日常生活（清掃・課題）						日常生活（清掃・課題）			日常生活（清掃・課題）					
8				日常生活（生活・HR）						日常生活（生活・HR）			日常生活（生活・HR）					

殊教育のあり方」にもあらわれています。以下は抜粋です。「ノーマライゼーションの進展に向け，障害のある児童生徒の自立と社会参加を社会全体として，生涯にわたって支援する」。「教育・福祉・医療・労働が一体となって乳幼児期から学校卒業まで障害のある子ども及びその保護者に対する相談及び支援を行う体制を整備する」。

また，2001年5月決定の WHO 国際障害分類（ICIDH-2〔ベータ2案〕）は，生活機能と障害の国際分類をした点に大きな特徴をもっています。障害者の地域生活支援事業について要約すると「障害のせいで生活が制約を受けるのではなく，本人の足りないところをサポートして今の能力のまま地域生活を成り立たせて，社会参加を図ろうとする考え方」であり，「環境の整備と共に，本人のエンパワメントに視点を置く」と提言されているのです。

以上の引用の中には知的障害ということばが特筆されてはいません。

日本で知的障害児のための特殊教育の学校が始まったのが1947年，それからの長い道のりを経て今日の教育形態が成立しました。障害のある人々と，個人を尊重した社会の育成に向けて歩む時，障害の種別ではなく，その状態を重視し，様々な立場で支援をすることが提言されていることは大きな進歩として，受け止めてよいと思います。

2　地域生活の現状

自分の家に近い学校に通っている人は，小さい頃からの友だちがいる環境で暮らすことができるかもしれませんが，地域以外の学校へ通学してきた人たちにとって，「地域」とは，どんな所をさしているのでしょうか。多くの場合，通学する学校を中心にした環境になりがちです。

これから記す話は，2001年の夏，筆者が実際に体験したことです。

東京都の端にあるまちであったことで，希有な例であると思いますが，

地域生活の広がりを期待する知的障害の方の気持ちを伝えることができると思います。

アヤちゃんは、ダウン症の女の子です。今年16歳になり、都立の知的障害養護学校の高等部1年生です。幼児期には近くの保育所に障害児枠で入所し、彼女のために保育士がひとり付いていました。保育所には主にお母さんと通い、時々友だちが家に遊びに来てくれることもありました。自分の着替えをひとりでできるようになったし、食事もトイレも自分でできるようになり、卒園しました。でも話すことや文字を書くことが難しかったので、両親は知的障害の養護学校を選び、毎日1時間くらいかけて通うことになりました。小学部から同じ学校なので、今は、ひとりで電車通学をしています。毎日朝7時過ぎには家を出て、夕方4時過ぎに家に着く生活が9年間以上続いています。

保育所で特に仲のよかったチーちゃんは、家の近くの公立小学校・中学校を卒業して、今年から都立高校に通っています。時どき電車で一緒になることもありますが、アヤちゃんはもうチーちゃんを覚えていません。チーちゃんは時どき「アヤちゃんだー」と気づくことがありますが、なんだか恥ずかしいので声をかけることもありません。

アヤちゃんは、お祭りや運動会が大好きです。まちでこのようなイベントがあると以前はお母さんがよく連れて行ってくれましたが、だんだんお母さんも忙しくなって出かけることが減りました。ひとりで学校へは通えるけれど、その他は一人で出かけてひとりで戻ってくる自信がないのです。誰か一緒に行ってくれる人がいたら、楽しいことがたくさんあるかもしれないのにさびしいなと思っています。お母さんも同じ気持ちで「まちの中にアヤちゃんをサポートしてくれる人ができたらいい」といつも思っています。

チーちゃんは高校で、「社会福祉」について学び、自分が住むまちの

社会福祉協議会でボランティア活動をする人を募集していることを知りました。小さい時にアヤちゃんに出会っている経験から障害者に対して優しい気持ちを抱いているチーちゃんは，ボランティアセンターに行ってみました。そして，いろいろな所がボランティアを募集しているのをみて，自分ができるときにやってみようと決心して登録しました。

　アヤちゃんが通う養護学校では，毎年夏休みの間に夏祭りを開いています。地域のお祭りにこの頃は行っていないので，学校でのお祭りには浴衣を着て行けると，アヤちゃんは大喜びです。お祭りの夜は天気も良く，たくさんの人が集まり，とってもにぎやかでした。

　「アヤちゃん！」お祭りの焼きそば売り場から聞き慣れない声ですが，なんだか懐かしい声が聞こえました。「はーい」と答えてアヤちゃんが行くと，可愛い高校生がいました。「アヤちゃん，わたしだよ，チーちゃんだよ」。

　アヤちゃんのお母さんはびっくりしたり，うれしかったりと感激の気持ちをどうあらわしてよいかわからないくらいでした。とりあえず焼きそばを3つ買って3人で食べようと提案しました。アヤちゃんははじめわからなかった様子で黙ってニコニコしていただけでしたが，お母さんとチーちゃんが話すのを見ているうちに「チータン」と話しかけていました。「そうだよ，おばさん，アヤちゃんは私のことチータンって呼んでたね」。

　チーちゃんは，その後学校の授業のことや塾もあるので，思うようにアヤちゃんと会えるわけではありません。でも，時どきアヤちゃんから短い電話があったりした時はアヤちゃんの家に寄るようになりました。

　さて，上記の"アヤちゃん"と"チーちゃん"の地域生活について考えてみましょう。

　"アヤちゃん"は，幼児期，地域の障害児保育枠で〈統合保育〉を受

けていました。しかし，小学校入学時に両親は，先々の教育機関のことを考えて，家から離れた公立の養護学校を選びました。アヤちゃんに普通小学校で授業についていけない苦労や，さびしさを味わわせたくないという思いやりからでした。

　しかし，保育所でできた友だちとは別れることになり，学校から帰ってからは一人で過ごすことが多くなってしまいました。両親は，アヤちゃんが小学校高学年になって，体力がついてきた頃に，駅の近くにあるスポーツセンターの水泳教室にアヤちゃんを入れました。水になれるのに精一杯で，しかも小柄なアヤちゃんは，幼児部に入りましたので，同年齢の友だちと巡り会えることはありませんでした。高等部に入ってスクールバスは使わず，電車で通うようになりましたが，もう何年も近所の同年齢の子どもとの関わり合いがなかったので，チーちゃんと会っても気がつかなかったのです。

　チーちゃんは，自分の家に近い小中学校に通い，高校は自分で行きたい所を選ぶことができました。今でも小学校や中学校の友だちと交流がありますが，保育所時代の友だちと会うことはありません。公立高校の授業の中に自分で課題を選んで，調べる総合的な学習の時間という科目があり，そこで社会福祉について学習する機会を得ました。地域のボランティアセンターへ行ってみたのは，レポートをまとめるためでもあったのです。

　現在，知的障害児の保育・療育・教育の場は，普通教育を受ける児童生徒に比べた時，十分とは言えません。しかも，住居地の近辺で享受することはなお不十分です。地域における社会参加について，今までは福祉行政の責任を問うことが多かったのですが，並行して教育行政でも検討を重ね，指針が示されるようになりました。

　前節に掲げた「21世紀の特殊教育のあり方」をさらに引用します。

近年，ノーマライゼーションの進展により，障害のある者が住んでいる地域社会の中で積極的に活動し，その一員として豊かに生きることが重視されるようになっている。このことは，居住地から離れた学校に就学することが多い盲・聾・養護学校の児童生徒にとって大きな課題となっている。このため，夏期休業日など長い休業中の過ごし方や2002年度からの完全学校週五日制実施も見据え，教育委員会は，学校，地域社会との連携を図りながら，障害のある児童生徒が社会の一員として主体的に活動し，自立し，社会参加するための基礎となる"生きる力"を培うため，地域において自らボランティア活動を行ったり，福祉団体やボランティアなどの協力を得て，体験活動の機会の充実に努めることが望ましい。さらに障害のある児童生徒が様々な活動を行う際に，ボランティアの協力が必要な場合に，地域の生涯学習ボランティアセンターにおいて人材を紹介したり，相談を受け付けるなど，その活動を支援するための体制の整備が重要である。

3　放課後・休日の活動を支える

　みなさんの高等学校までの経験では，課外活動というのがあって，放課後の活動に参加していたことと思います。知的障害養護学校の高等部では，運動部や音楽面での放課後活動が行われています。ほとんどが学校内での活動に留まり，年に数回他の養護学校との交流の機会がもたれます。

　地域では，各区・市によってその取り組みはさまざまで，多くは，障害児の保護者の方がたが公的機関の援助を受けて，場所を確保し，定期的に音楽面・美術系などの講師を招いて放課後活動を行っているところもあります。自ら生活の範囲を広げることがむずかしいのが障害のある人たちなのです。趣味や余暇をもつためにも援助者がいないとむずかしいのです。

　前節の引用文で記されているように，2002年からの完全学校週5日制

が実施されると，地域社会との連携がより意味をもち必要度も増します。学校での活動だけでなく，自分が生活する地域での活動を行うチャンスでもあります。その時，援助してくれる人がひとりでも多く増えてくれることが知的障害の人にも必要なことなのです。ほとんどの場合，障害児者の世話は，家族が背負っています。負担が多いばかりでなく，本人が自立できる機会を狭めてしまうことにもなります。いろいろな人と交わり，心を開いていく機会が増えれば，活動の範囲が広がるとともに，家族と離れて暮らす自信も生まれます。

　そこで，東京都では，2001年度から生涯教育の一環として「ボランティア養成講座」という公開講座を開いています。一般都民に呼びかけている事業です。これは，開かれた学校つくりに取り組み，地域活動を活性化するねらいから考えられたものです。すでに以前から取り組んでいる学校では，養護学校の児童生徒と交流して理解を深めるための基礎講座だけでなく，ガイドヘルパーという普段から障害者の外出の手伝いをする支援者を養成する公開講座も開催しています。こうした公開講座に参加した人は，先に触れたボランティアセンターなどに登録して地域に貢献したり，学校行事に参加したりして活躍する機会をもつことができるのです。ぜひ，みなさんのなかからもそうしたボランティア活動に参加してくださる人が増えていくことを願っています。

[小笠原まち子]

学習課題	
1	特殊教育と普通教育の教育課程の違いを調べてみましょう。指導形態についても比べてみましょう。
2	あなたが住む市や区の社会教育・福祉施策について調べてみましょう。特にホームヘルパー制度やガイドヘルパー制度につ

いてレポートしましょう。

3 東京都では，さまざまな障害者理解を求める啓発事業を進めています。その一つである東京都教育委員会が行っている「ボランティア養成講座」の実施校，およびその内容について調べてみましょう。

参考文献	浅井浩『知的障害と「教育」「福祉」』田研出版，1999年 上田敏『リハビリテーションを考える：障害者の全人間的復権』青木書店，1989年 文部省『盲学校，聾学校及び養護学校学習指導要領（平成11年3月）解説』東洋館出版社，2000年

Ⅰ 地域での生活をつくる営みについて学ぶ

第5章
成人期の余暇活動と地域参加

　みなさんは，自分の好きなことが自由にできない場面を想像したことがあるでしょうか。また，日常的にどのような余暇の過ごし方を望んでいますか。余暇は生活の一部であり，健康な生活を過ごすため欠かすことのできないもののひとつといえます。ここでは，知的障害者の余暇活動と地域との関わりを，入所施設の事例などを交え考えてみましょう。

1　余暇とは

　余暇は，一般的には自分で自由に使える時間，あるいはひまな時間といえます。レジャーともいわれます。成人期は，人格的にも豊かな時期に当たり，社会生活の充実する時期ともいわれています。反面，ストレスや対人関係に悩むことも多いのではないでしょうか。そうした生活において，余暇の果たす役割はより重要性を増してきています。
　障害をもつ人びとにおいても変わりません。豊かな時代といわれている現在，自由な時間を使い身体や精神を自由に伸び伸びさせることがより望まれています。しかし，障害を負った人のなかには，ひとりで自由に時間の選択をし，余暇活動が過ごしにくい人もおります。その一例として，知的障害をもつ人は余暇活用による生活機能の広がりを図りにくいといえます。しかし，みなさんも必要な時には人の手を借りたり，情報の活用などにより課題を乗り越えていくように，知的障害をもつ人にしても，生活をサポートしてくれる人や，相談・援助をしてくれる人が身近にいたならば，一人ひとりに合った自由時間をもて，生活の広がり

が可能となります。

たとえば，ガイドヘルパーの支援や，就労におけるジョブコーチの配置などです。さらには，環境面におけるバリアフリーの促進などがあげられます。一般に，余暇とは社会が豊かになることで生まれるとされているのに対し，まだまだ知的障害者には不十分な現在の状況に不思議さを感じてしまいます。

2　入所施設における余暇活動

1　施設事例

はじめに，知的障害者のための入所施設数の状況から見てみます。「施設の時代」といわれた60～70年代を経て，地域においてのノーマライゼーションが提唱されるようになった現在，『発達障害白書 2001』によると，入所児施設は表1-5-1「施設・定員・在籍数の推移」に見られるように，漸減傾向を示しています。

こうした状況のなか，人里離れた地での施設生活，あるいは高い柵や塀に囲まれた生活が強いられたり，施設生活あるいは地域で，知的障害者ゆえに社会活動への参加の自由が妨げられたり制限されるという問題はまだ少なからず起こっています。ノーマライゼーションと声高にいわれながらも，施設内完結型とされる生活のあり方は容易に変わるものではありません。安全のため，迷惑をかけないために，とばかりに外出も止めてしまう場合もみられます。「施設から地域へ」と生活の場が大きく変わろうとしている，いわゆる社会福祉基礎構造改革の流れのなか，本人にとっての楽しみや人びととの交流による社会的機能の広がり，個人にとっての生きがいや自己実現のあり方などが求められています。

ところで，施設の果たす役割は今なお大きなものがありますが，今後

表1-5-1　知的障害児施設数・定員・在籍数の推移

	昭和35年	40年	45年	50年	52年	60年	平成2年	7年	10年
施設数	131	219	325	349	352	321	307	295	280
定員	8,396	15,124	23,582	27,022	26,237	22,096	19,694	17,776	16,156
在籍者	7,791	14,126	21,380	22,758	21,960	18,622	16,754	14,597	13,014
在籍率	92.7	93.4	90.6	84.2	83.6	84.2	85.0	82.1	80.6

資料：厚生省「社会福祉施設調査客年10月1日現在
出所：日本知的障害福祉連盟編『発達障害白書』日本文化科学者，2000年，pp. 284-285.

は地域で自立生活を送れることが大きな目標ともなってきています。人権やプライバシーの尊重という面で課題を多く残してはいますが，障害者にとって地域における基盤整備，サービスの再編成などは重要な課題であり，同時に充実されていかなくてはなりません。さらに，地域での生活をより良いものにしていくためにも，余暇活動の充実は大きな課題でもあります。ノーマライゼーションの父といわれるバンク＝ミケルセンも提唱しているように，「余暇を一般の人と同じレベルで享受できるよう，社会に条件を整備すること」が望まれます。

2　余暇活動への取り組み

　一般的に子をもつ親の施設評価のひとつに，「いろいろな所に行かれて利用者さんは幸せですね。家庭ではとても施設のようには連れて行けません」という声をよく耳にします。このことは一面では真実であり，一面真実ではないともいえます。つまり，施設での余暇活動は利用者の発達を目指し，年間行事や季節行事を企画し実施しており，そのことが仕事として位置づけられてもいます。グループ活動や個別プログラムでは，利用者の生活の広がりを通して社会体験の向上などを目指しており，行事などは予算を伴った企画の一つでもあります。しかし，パッケージ化され，画一化していく課題も残ります。そこにおいては，本人の希望や選択の自由がなくなることにもなりかねません。表1-5-2「年間行

表1-5-2　年間行事（「T学園児童部」）

	昭和56年度行事		昭和61年度行事
4月	誕生会・祝う会	4月	誕生会
5月	誕生会・人形劇	5月	ユネスコ村ハイキング
6月	誕生会・親子交流会	6月	誕生会
7月	1泊キャンプ	7月	誕生会
8月	1泊キャンプ	8月	一泊キャンプ
9月	学園祭	9月	誕生会
10月	誕生会・スポーツの集い	10月	1日外出（江ノ島水族館）
11月	市民祭・映画の夕	11月	誕生会
12月	クリスマス会	12月	クリスマス会
1月	誕生会	1月	正月旅行・成人の日
2月	誕生会	2月	節分
3月	卒業・進級祝（誕生会）	3月	ひな祭り・雪遊び（長野）

事」により，その一例を見てみましょう。10年以上も前に企画され，実施したものではありますが，全員参加で楽しもうと企画されています。家庭の目から見ると，「よく出かけている」と映るのも，施設における利用者への社会参加推進企画によるものといえます。全体行事も，近年ではノーマライゼーションの広まりにより見直しがされ始め，集団から小集団化へ，また，個人を中心に据えたものに変わりつつあります。たとえば，少人数によるキャンプや旅行企画への移行や，日常生活においても，個人に焦点を当てた支援計画とその実施などが挙げられます。

　一方，家庭で頻繁な外出ができにくいということには，各家庭の社会的な事情があることでしょう。ある家庭では年1回の旅行が最大の楽しみなのかもしれません。もちろん出かけない家庭もあるでしょう。また，かならず実施されなければならないというものでもありません。さらには，余暇活動として施設のようにプログラム化し，個別に，あるいは全体的に評価し，さらに次の計画に活かすとしたものは少ないでしょう。確かに，施設と家庭においては余暇の楽しみといった共通性はあるとしても，計画性や評価への専門性といった点では相違をもつといえます。

3　散歩，行事参加

次に，余暇事例をとおして，知的障害をもつ人の余暇を考察してみましょう。

今までに見てきた「行事」とされるものには，計画と予算がともなうものですが，日頃手軽に行えるものに散歩があります。自然に恵まれた環境にあれば，その立地条件を生かした，四季折々の散歩やサイクリングなどを楽しむことができます。また，近隣の自治会などの行事と組み合わせることにより，地域との交流も図ることができます。加えて，散歩の効用には次のようなプラス面も見ることができます。①手軽に行える，②お金がかからない，③身近で手軽な運動として企画することもできる，④開放的であり情緒安定にも役立つ，⑤脳の活性化にも繋がっていく，などです。さらには，利用者・職員を含め気分転換にもなっていきましょう。

近隣の人びとと，挨拶などの交流を通し，障害者理解をしていただける効用もあります。表1-5-3「外出の種類と内容」に見られるような多くのコースがあり，組み合わせも可能です。

こうした活動にボランティアが参加することも多く，余暇の充実とともに，人間関係・体験の深まりも加わることになります。

3　絵画クラブ創出と地域参加

知的障害をもつ人の個性や興味関心に合った余暇活動の大切さに気づきながらも，参加し楽しめるものが周囲に社会資源として見当たらない場合，興味の対象に合った場や機会を創り出すことも重要な援助のひとつといえます。ここでは，職員がボランティアとして企画・参加し，余暇活動のひとつとして創り出された「絵画クラブ」の活動を紹介しま

表1-5-3　外出の種類と内容

散歩外出	多摩川べり，市内観光名所・旧跡，公園・遊園地，大学キャンパス
ハイキング	高尾山・御岳山等の身近な山々やハイキングコース
サイクリング	多摩川サイクリングロード等
外　食	ファミリーレストラン，有名中華街等
その他	ドライブ，観劇，映画鑑賞，近隣イベント参加等。

しょう。

　日常，好きなクレヨンやマジックなどを手にすると，画用紙や紙にすぐなぐり描きしたり，絵を描いたりするひとをよく見かけます。そうしたひとに，施設内で場と時間を提供し，自由に思うぞんぶんのびのびと描いてもらおうと，T学園児童部の職員有志により「絵画クラブ」が誕生しました。1979年12月のことです。活動期間は約3年でしたが，その間の活動は施設内に留まらず，地域での合同美術展への出展，および実行委員会への参加を通しての地域交流へと発展していきました。そして，職員の退職などにより終結していったものです。

1　園内での呼びかけ・クラブの誕生

　遊びやゲームなどは，ひとりで黙々と取り組む場合もありますが，みんなで集まり，わいわいがやがやとした楽しい雰囲気のなかで過ごすことにより，楽しみも倍化していきます。そうした意味からも，絵画への関心を示す利用者を含め，全体を対象に絵のクラブ作りを意図して，次のようなポスターを作り園内に貼って参加を呼びかけました（図1-5-1）。

　また，趣意書「『絵画クラブ』を始めるにあたって」では，「絵を描く等の平凡な行動も，現在の学園の中では比較的難しく，子どもたちが自由にのびのびと，クレヨンや筆を動かせる場や時間がきわめて少ないことを私たちは知りました。子どもたちに美術活動の場を設け，より積極

図1-5-1 絵画クラブの呼びかけ

的な創造活動を引き出す事により，子どもたちの心の世界がより大きく広がっていくことを願います。さらに，一人でも多くの職員が参加，ならびに協力して一緒に進められますよう望みます」と呼びかけ，男女職員2人によりスタートしました。これは日頃感じていたものの具現化への一歩でもありました。そして，ボランティアの方がたの協力や他の職員の援助を受けながら活動は展開していきます。時まさに「国際障害者年」が話題にのぼり始めていた時期でもありました。

絵画クラブは，そのつど希望者による自由参加という形態で，毎回の参加者は約10名前後。夜8時までの予定時間もよく延長され，寮からの呼び声でパジャマに着替えに戻ることもしばしばでした。活動のテーマは，そのつど生活や季節に合ったものを設定したり，活動内容も自由画とともに工作など，多彩なメニューを組むように心がけました。回を重ねるとともに，待ち遠しくなっている利用者も見られるようになっていきました。また，自分から積極的に参加してくる利用者もあらわれ始めました。一方，重度の方は連れに行ったり，連れて来てもらったりと，開始時はにぎやかな光景が見られました。

確かに，職員であるスタッフにとっては勤務外のクラブ活動は時にき

表 1-5-4　クラブ活動予算

x 年度決算		x+1 年度予算	
絵の具, ポスターカラー	4,750	絵画	15,000
額縁（2）	4,800	写真	10,000
写真	2,497	美術展	10,000
油絵キャンバス	4,330	予備	15,000
石膏	4,550		
スティンフィルム	3,780		
美術展鑑賞	16,400		
	41,107円		50,000円

つく疲れもみられましたが，それ以上に利用者の明るさに励まされ，逆に元気をもらうことも多く，活動を終えての反省会や，次のテーマについての利用者との話し合いなどでは，疲れながらも心は弾みました。予算も出していただけるようになっていくことにより，表1-5-4「クラブ活動予算」に見られるような年間計画もたち，基盤整備と共に参加者の顔ぶれも揃っていきました。

2　園内絵画クラブ活動

毎週水曜日。夕食も終わり，人のいなくなった食堂を利用して紙や絵具などを用意します。一息ついて，放送や声かけによりクラブ開始のお知らせをすると，静かになった食堂が再び活気づきます。すぐに絵描きに入る人，おしゃべりしたり会場で遊びまわる人，お話の尽きない人など参加者の様子はさまざまです。そこで生み出された作品は，そのつどみんなで鑑賞するほか，壁などに貼り出して見てもらえるように展示します。食堂展示することで，クラブ参加者が再び目にすることができますし，絵を目にした職員から，制作者への誉め言葉などが聞かれたりします。展示作品を通して利用者の新たな発見の機会ともなってゆき，毎

回好評を得ることになりました。

　活動のなかで，特に利用者に好評だったものは園外写生会でした。近くの多摩川に行ったり，馬の写生に出かけたりしましたが，その時はクラブはもう二の次といった感じでした。それでも，描く時はしっかりと集中して描くのには驚かされます。クラブ活動で生み出された大きな作品は，食堂の壁では飾り切れず，天井を使っての展示ともなり，周囲の驚きと，時にはあきれ顔も見られました。

　一方，外部から多くの人が集まる学園祭などでの展示も企画し，作品を見ていただきました。来園者にとっては，珍しさもあって好評でもありました。その時，利用者の反応はどうかといいますと，自分から説明し出す人，我関せずと決め込む人など，さまざまな場面が見られました。職員はというと，展示によるアピールはしますが，内心の変化に期待し，見守っていたといえましょう。こうした園内活動から，利用者の心をより豊かに，ということで美術展鑑賞会も企画していくようになり，活動は園内から園外へと広がっていくようになりました。

3　市内美術展出品，運営委員会参加

　園内活動から，「乗馬クラブ」での野外写生会や季節に応じた自然写生会の実施。さらには「本物を見よう」，と美術展鑑賞（1980年立川高島屋「シャガール展」，西武美術館での「パウル・クレー展」等々）へと，園内のみに留まらない活動が生み出されていきました。同時に，市内で秋に開かれる市民文化祭にも参加するようになり，活動の場はより広がっていきました。

　クラブで生み出された作品を，単に描きなぐりの絵と見るか，あるいは生命の躍動としての知的障害をもつ人の作品と見るのか，といった話し合いも，企画者や周囲の人を含めてよく行われました。一般的には単純な線や絵柄であっても，見方によってはそこに感動と躍動感の発見が

あります。周囲の人びとにはなかなかそこを認めてもらえませんが，関わっている職員は，クラブ制作からの理解と絵の生命(いのち)を伝えたく，一般市民との合同美術展参加へと展開していくことになりました。そのための一段階として，美術展関係者に知的障害をもつ人の絵への理解者が望まれますが，運良く運営委員の方にその存在を見つけることができました。

その方には，クラブ活動への専門的アドバイスを受けられるようにもなっていきました。利用者作品の展示場所も，会場の片隅から，目につきやすい場所へと移って行きました。これも，市民の方がたと一緒の取り組み，さらには運営委員会活動を通しての理解の深まりによる結果と思われます。

第4回市民総合美術展における利用者作品名をいくつか挙げてみますと，「おかあさん」「電車と僕と交番と」「おうち」「お母さんお元気ですか 僕も元気です」，といったものが挙げられます。また，全員での共同作品では，「東京電力」「動物園」などの出品をし，会場に所狭しと飾らせていただきました。

続く第5回では作品名に，「まるとまるとまんまると」「友達」「たすくかめん」「にわとりさん」「太陽」「なにかな」等が見られます。みなさんは作品名からどのような作品を心に描かれるでしょうか。以下の言葉は，美術展パンフレットからの巻頭言の一部です。「すべてのものに描く人の生命がにじみ出ています。その生命力の強さが観る人に『う，うまい』ということばを発するのでしょう。今回も，御鑑賞下さる方々に，沢山の生命を感じとっていただけることを期待致します」。こうした言葉に，市民作品と共に，知的障害をもつ人の作品のいきいきとした生命力があらわされているように思えます。

4　終　　結

男女2人の職員で始めた絵画クラブも，園内から，市民との交流によ

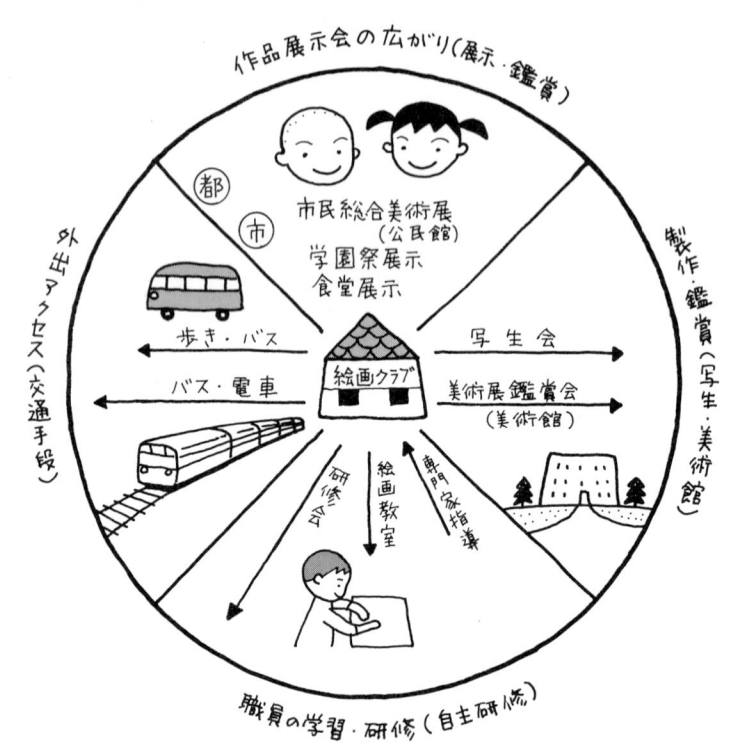

図1-5-2 絵画クラブ活動の地域への広がり

る総合美術展へと関わりの輪を広げていき，一方で，美術展の鑑賞などにより心への刺激も生み出していくことになりました。そのことは，描き出される絵の変化によりうかがい知ることができました。外出機会の楽しみを含め，多くの何かを利用者の心に残してくれたのではないか，と望んでいます。職員もクラブに関わり始めたことで，地域の絵画教室に通いだしたり，絵を学び直したりという学習がみられました。また，利用者の絵の特性から，色彩の連続学習会（「シュタイナーの色彩学」）にも出かけるなど，まさに職員も学びながらの活動でもありました。

　一方で，調理なども活動に取り入れて興味を広めたり，と隠された才能を発揮していたように思われます。しかし，職員の交代や退職という，ボランティアではまかないきれない状況が生まれ，3年近くに及ぶ活動

も継続がむずかしくなり，最後の「お別れ会」をもって幕となりました。

施設内食堂で始まったクラブ活動も，園外での美術展活動や，都内への鑑賞，写生外出と活動範囲を広げて行き，あわせて社会体験の深まりも積み重ねてもらえたように思われます。茶話会をもって終結を迎えた地域との関係の広がりをエコマップにより示しますと，図1-5-2のような広がりを見ることができます。

4　課題とまとめ

「生活の中で向き合っていると，重いと言われている子どもたちも，数え切れないほどの言葉でない言葉を発し，訴えかけ，人間らしく生きています」[1]。入園児への余暇活動課題であった活動曜日固定への提案や，関係職員数の増加および活動の勤務への組み入れなど，そのつど問題提起し全体理解への模索を行ってきましたが，目標には届かず活動も終結を迎えることになりました。心配された子どもたちへの影響も，「残念」という声と，けろりとしたいつもと変わらない表情が見られたり，と絵画クラブも生活場面の一過程であったような気がしています。しかし，利用者の心に投げかけた波紋は興味，関心を広げ，生活への広がりを生み出してくれたのではないか，と密かな思いを抱いてもいます。

[有安茂己]

注
(1) 有安茂己『福祉現場からのアンソロジー：心の琴線にふれて』（改訂二版）（株）彩信社，2000年，p. 28

学習課題

1　障害者の方とみなさんとの，余暇活動の違いや活動内容について話し合ってみましょう。

2 障害者に関わる支援者について，その役割と課題を考えてみましょう。

3 地域社会における，社会資源の活用について話し合ってみましょう。

|参考文献|

飯田進『地域で働くことを支える』ぶどう社，1993年

『わたしにであう本　援助者ガイドブック』，全日本育成会，1994年

樋口恵子『エンジョイ自立生活：障害を最高の恵みとして』現代書館，1998年

松本了編著『知的障害者の人権』明石書店，2000年

Ⅰ　地域での生活をつくる営みについて学ぶ

第6章

だれもが居場所のあるまちづくり
――吉祥寺南町の地域福祉活動について

　武蔵野市の吉祥寺南町というまちでは，1995年に，支えあって誰もがいきいき暮らすまちづくりをめざして，地域福祉活動が始まりました。"広く伝える"，"楽しくやる"ことを大切にしながら，小さな声に耳を傾けていたら自然といろいろなことが始まりました。それは一人ひとりの居場所づくりだったのかもしれません。その活動のようすとそこによせる思いを述べたいと思います。わたしたちと一緒にまちづくりについて考えてみましょう。

1　吉祥寺南町というまちについて

　吉祥寺南町というまちは，東西に細長い形をした武蔵野市の一番東端に位置し，東は杉並区，南は三鷹市に隣接しています。武蔵野市では，行政とつながった形の町内会は戦後廃止され，そのかわりにコミュニティ作りの拠点として「各町」に住民が自主運営するコミュニティセンターが作られました。けれども館ができただけではなかなか人とのつながりはできません。

　1994年の「多摩政策アンケート」調査報告書によると，武蔵野市は「住みつづけたい」と思う人の割合が多摩27市中1位であるのに対して，「近所の人間関係がいいと思う」は26位という結果に終わりました。また，武蔵野市ではいろいろな公共施設がほとんど市の中央に集中しているため，吉祥寺南町では住民が日常的に使用できる施設は，長いことコミュニティセンター（19年前開設）の他にはありませんでした。

　1996年に高齢者の総合施設「ゆとりえ」（特別養護老人ホーム，デイサービスセンター，在宅介護支援センター）が開設されました。その3年前

から建築構想検討委員会に住民が参加し，地域に根ざした施設にするためにその後オープンまで1年半近く，毎月住民懇談会を開き，"どんな施設にしたいか"話し合いました。今も大勢の地域の人がボランティアとして関わることにより，お年寄りに対する認識，理解が深まりましたし，地域と連携することにより，「ゆとりえ」がまちづくりにも大変大きな役割を果たしています。

こうした動きに並行して，1995年地域福祉活動「南町福祉の会」が始まったことによって，ハードのコミュニティセンターに対して，ソフト，つまり人と人とが支え合うまちづくりが始まりました。この地域では28年前より市の配食サービスをボランティアが行っているほか，12年前より民間の高齢者への配食サービスグループ，その他ケアグループなどが活動しており，ボランティア活動は活発でした。そこに「南町福祉の会」「ゆとりえ」ができたわけですが，これを機にまちぐるみ，組織的に福祉のまちづくりが進められるようになりました。

その後，全戸配布のコミュニティニュースが月刊になって，地域のニュース，問題点，参加呼びかけなど，情報をきちっと住民に伝えるようになり，ここ1，2年，コミュニティセンターを拠点にしたまちづくりは，子ども，障害者，高齢者，環境などいろいろな分野で多角的に進み始めました。このような動きを背景にして，南町福祉の会がどのように活動してきたかについてお話ししたいと思います。

2　地域福祉活動「南町福祉の会」のあゆみ

これからの高齢，少子社会では，行政，民間のサービスだけではなく，小地域での住民の支え合いが大切です。1995年に武蔵野市民社会福祉協議会により提示された地域福祉活動「南町福祉の会」が吉祥寺南町で始まりました。その活動は，まず"知りあい，ふれあい，支えあう"とい

うテーマを決め，広報紙の発行をすることから始めました。また当初から義務にしないで，やりたい人がやるということを大事にしてきました。

地域性も違うということで，まず，丁目ごとに懇談会を開きました。私たちの丁目最初の懇談会出席者はその頃に引っ越していらした方が多く，「町内会がないので，前に住んでいたところに比べて楽でよいけれど，まちで何が起きているかさっぱりわからない。近所の人とはごみを出しにいった時に挨拶するぐらいで，何かあったら心配だ」という不安感から，まちのことを知りたくて参加されたのでした。

そこで"やりたいことをやりたい人が楽しくやろう"をモットーにして，いらした方の声からいろいろなことを始めました。楽しくやることでよい人間関係ができると思ったのでした。独自の楽しい広報紙発行，サロン（交流目的の趣味の会），ごみのことを実践する会，花の写真を撮る会，昔のことを語りつぐ会，フリーマーケットへの参加，手編みアクリルたわし全戸配布などが生まれました。会に出ていらしたほとんどの方が地域のなかに居場所ができ，役割ができ，現在みなさん自分の好きなところで大活躍しています。ほかの丁目でも懇談会の他に，講演会，講習会，見学会，食事会，バーベキュー大会，防災訓練，フリーマーケットへの参加など思い思いにやっています。

次に，丁目の活動から発展した南町福祉の会の活動について，図1-6-1「南町福祉の会から始まった活動」に沿って紹介します。

〈広報活動〉

南町福祉の会だより（年4回，5000部），かわらばん（年4回，4丁目1000部）手作りまちの掲示板（約40か所），視覚障害の方のための録音テープの作成と貸し出しなどです。

〈丁目活動〉

現在もこれが南町福祉の会の大事な活動になっています。

〈南町エコの会〉

　ごみの減量が目的です。ごみは福祉の問題に含まれますかと聞かれますが，ごみはひとり残らずみんなの問題ですし，この問題に取り組むことによって人のつながりができます。

　実際の取り組みとして，①家具の修理，おもちゃの病院（月1回），②マイバック運動推進のために古傘からマイバック作り（月1回），③生ごみの堆肥化運動推進が始まりました。

　2001年4月，南町エコの会は環境の会として本格的に取り組むために独立しました。

〈南町サロン〉（月2回）

　誰が何をしてもいい交流目的の会です。主に手芸的なことを教え合ったり，情報交換をしたり，おしゃべりしながら手作業をしています。広報紙を見て勇気を出していらした，今まで地域に出たことがない方ばかりです。最近ご主人を亡くされたり，ご主人が単身赴任という方が多いのも特徴です。80代の方に綿入れのちゃんちゃんこや，アクリル毛糸の素適なたわしの作り方を教えていただいたり，時には90歳近い勉強家の男性が奥様の介護に疲れたといっていらして，みんなが手芸をしているそばで，福祉関係のニュースを読んでくださるという光景が見られることもあります。また夏休みにはお母さんに連れられて来た小学生も一緒に編物。今までの参加者は老若男女4世代にわたります。

〈子ども手芸，料理教室〉（月1回）

　南町サロンから発展，子どもも大人も幸せな一時です。

〈高齢者向けサービス〉

　行政のサービスが充実している地域なのでしてあげるサービスではなく，参加する人が役割をもったり，存在そのものが喜ばれるという生きがい対策を心がけてきました。おもちゃの病院の院長さん，昔のことを語りつぐ人，アクリル毛糸のたわしを編んで全戸配布のもとになった人，

子ども手芸教室。残り毛糸を利用して創作

綿入れちゃんちゃんこの作り方を教えてくれた人みんな 8,90 歳前後の高齢者の方がたです。

〈転入者，定年退職者などに向けたサービス〉

地域に出たことのない方のために，「ようこそ南町――あなたも地域へ」というパンフレットを発行し，全戸配布しました。まちの活動グループ，コミュニティセンターの使い方，マップ，行事などが載っています。

〈ボランティア活動の輪を広げる〉

ボランティアの輪を広げるため，ボランティア活動グループを紹介するための冊子を発行しています（約30団体）。

〈南町ちょっと相談室〉

留守番電話と FAX をコミュニティセンターに置いて，相談を受けつけると同時に拠点の第一歩としました。この相談室はできたばかりでこれからです。

〈災害時の助け合い〉

どうしたらいいか模索しながら取り組み始めています。

図1-6-1に示してある障害をもつ人に関わる活動は続いてご紹介します。

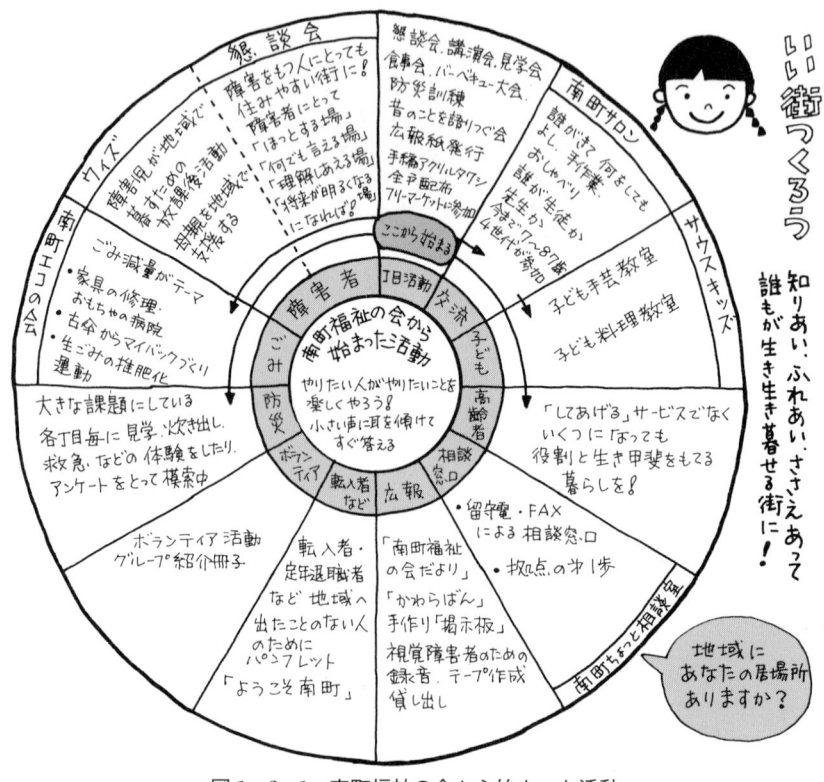

図1-6-1　南町福祉の会から始まった活動

3　懇談会"障害をもつ人にとっても住みやすいまちに！"

　このまちには障害をもつ人が生活している施設はありません。そのためもあってか，ふだん障害をもつ人の姿がちっとも見えない，声も届かないのです。「障害をもつ人がまちに出てこられないのではないだろうか」ということに気づき，障害をもつ人がふつうにまちに出て，ふつうに暮らせるまちにしたいと，1997年10月より懇談会"障害をもつ人にとっても住みやすいまちに！"を始め，年3回定期的に行っています。

この懇談会は,「ホッとする場」「なんでもいえる場」「理解し合える場」「将来が明るくなる場」になればというお誘いの言葉で気軽に始めました。12回の会を重ねるなかで,いろいろな声が出てきました。それに対して,そこに出席する人が理解するだけでなく,必要なことは広報紙で広くまちの人に伝えると同時に,地域としてできることは,即実行を心がけてきました。そこで出た声,取り組んだことは主に次の通りです。

〈視覚障害をもつ方の声〉
○困っている姿を見たら手を引かずに声をかけてほしい。
○すれ違う時そっと通らずに足音を立てて通り,よけてほしい。
○盲導犬をいじめないでほしい。
○教育のお役に立ちたい。(Aさんより)

　これに対してAさんを幼稚園や小学校にご紹介して,「視覚障害者を理解しよう」というテーマで子ども,先生,父母に何回かお話ししていただきました。小学校の研究授業がきっかけで,武蔵野市だけでなく多くの学校から声がかかるようになりました。子どもたちとの交流も続いて,子どもに教育するのが一番近道との意見が出されました。わたしたちのまちでは,視覚障害の方に対するマナーもよくなり,「最近この近所ではうれしいことが増えてきた」と話をするAさんです。

〈知的障害をもつ子どもの親の声〉
○知的に遅れているとか,鈍感であるというイメージがあるが,本当はとても敏感で,相手の心を見分けるリトマス試験紙のよう。
○地域でのふつうのあいさつ,声かけがうれしい。「おはよう」「危ないよ」「あっちで遊んでいたよ」など。
○作業所に行くようになったけれど,余暇を過ごすためのボランティアがほしい。
○障害児を2人もつので学校と幼稚園の送迎を親だけではしきれない。

これに対してケアグループ，個人でローテーションを組んで幼稚園への送迎のお手伝いをしました。
○幸せだった地域の保育園生活が終わって遠くの学校へ行くようになったら，この子の地域で暮らす一生の分が終わってしまった。
　この声に対して障害児が地域で暮らすため，地域のボランティアによる「放課後活動」を始めることになりました。このことについては次節で述べます。

〈精神障害をもつ人の声〉
○偏見をもたずに正しく知ってほしい。
○調子がおかしいと思ったら早目に保健所，病院などへ相談へ行くことをすすめます，など。

〈みんなに共通する声〉
　健常者も含めどんな立場の人にも共通だったのは次のことでした。
○障害をPRすることが大切。知ってはじめて理解，支援できる。
○あいさつすることが大切。
○誰がいつ障害をもつかわからないから人ごとではない。
○障害をもつ人がどんどんまちに出て，「障害をもつ人もふつうに暮らせるまちにしよう」「障害をもつ人が暮らしやすいまちは誰にとっても暮らしやすいまち！」などでした。

4　障害児が地域で暮らすための放課後活動"ウィズ"について

　「保育園を卒園すると同時に，この子の地域で暮らす一生の分が終わってしまった」という懇談会でのお母さんの声に対して，視覚障害をもつAさんから「よかったら家の離れを使ってください」という声があがり，その場で地域のボランティアによる放課後活動"ウィズ"を始めることに決めました。考える準備期間として半年をおいて，1999年の9

月からその活動は始まりました。

　わたしたちは，障害についてはなにもわからない素人集団でしたが，「障害児だからといって学校と，家庭にしか生活の場がないのはおかしいのではないか」「地域でふつうに知り合って，声をかけ合う生活があってもいいのではないか」「障害児だからといってなにも専門家だけが育てることはないのではないか」ということで始めました。必要な放課後活動すべてに対応するものではなく，あくまでも"障害児が地域で暮らす"という意味の放課後活動を考えました。

　呼びかけた結果，2人の小学1年生の男の子がメンバーになりました。1週間に1回，学校の送迎バスの停留所まで迎えに行き，5時すぎに家まで送ります。ここではこの子たちは自分が主役で過ごせるためか，ウィズに来る時は笑顔でいっぱいです。子どもたちにとっては人とコミュニケーションを図る貴重な機会ですし，またお母さんにとっては子どもから開放される貴重な時間です。

　最近Aさんの家よりコミュニティセンターで過ごす時間が多くなりました。そこで地域の人に声をかけられ，遊びに来る子どもたちとも接しています。歩いて5分の井の頭公園にはよく行きますが，その他に学校の校庭開放，杉並区，渋谷区の児童館，プール，図書館，市役所，レストラン，デパート，卒園した保育園へ行ったり，また電車，バス乗り体験，雨の日外出体験など家庭ではなかなかできない体験をしています。

　お母さんが学校の父母会，病院など用事の時にお預かりすることもあります。

　また，予期していなかった次のようなことも起きてきました。

○越してきた人がウィズのボランティアをすることではじめて地域に出ることができました。
○ボランティアのお孫さんでメンバーと同年代の子が，時どき遊び

に来てくれ，友たちを連れてくることもあります。
○ボランティアしている人の30代の娘さんで，今施設に入っておられる知的障害をもつ方が，自宅に帰った時にお母さんと一緒にウィズに遊びに来ました。この時お母さんが「この子が地域に出られる場ができたわ」とうれしそうにつぶやかれました。「そうか，この子も地域で暮らすことがないまま大人になってしまったのか。これからでも遅くはない，本人が望むなら来られる時にお母さんと一緒に来て，その人にとっても居心地のいい居場所になってほしい」と思いました。
○最近，越して来たばかりで地域に知り合いのない，肢体・知的障害をもつ5歳の子を連れたお母さんが遊びにみえました。そのお母さんにとっても"ウィズ"が地域の居場所になれたらいいなあ。
○ウィズが始まってから9か月が過ぎた頃，ある出来事がありました。ウィズに来ている子の2歳の弟が足を骨折して入院をしてしまったのです。病院へ24時間の付き添いと家に残された障害児の世話がたいへんで，緊急一時（ショートステイ）の施設を利用してもまったく足りず，家族は限界に達し，疲労で病人の続出，最後はお母さんまで入院するという状況でした。ウィズのボランティア，お母さんの友だち，地域の人たち約20人でローテーションを組んで，病院の付き添い，障害をもつ子どものお預かり，食事のお届けと3本立てで援助し，やっとのことで入院中の1か月半を乗り切りました。公的なサービス，民間のサービスに加えて地域の助け合いの大切さを感じた時でした。

　この子たちがこのまちで暮らしつづけていけるよう，地域の人たちで見守っていかれたら，若い人たちにつないでいかれたらと願わずにいられません。最後に放課後活動（ウィズ）のきっかけになったお母さんか

らのメッセージをご紹介します。

　隼人は私たち夫婦の第2子として，平成5年に誕生しました。現在知的障害ということで，都内の養護学校に通学している元気で人なつっこい男の子です。
　2歳から2年間，市内にある障害児の通所施設に通っていましたが，就学までの残りの2年間は保育園で健常児といっしょに生活をしました。
　「私の結婚相手はね，ハーちゃんなの」。この言葉を私は一生忘れないと思います。隼人が通園している頃，クラスメートの女の子から言われたかわいいプロポーズです。子どもというのはなんと柔軟なのでしょう。「できる・できない」といった表面的なことで人を判断したりせずに，いくらでも相手に合わせて対応する術をもっています。
　地域の中で出会った同世代の仲間は，隼人に貴重な体験をもたらしました。幸いなことに彼は「人なつっこさ」を武器に，たくさんのお友たちの心を獲得し，お互いに響き合えるすばらしい2年間を過ごしました。
　ところが学校に通うようになると状況は一変してしまいました。熱心で温かい先生に囲まれてはいるものの，何かが足りないのです。それはスクールバスに乗って，一定の場所に障害児を集める養護学校のあり方にも問題があるように思いました。せっかく培われた地域での健常児との接点は，閉ざされてしまいました。障害児というのは，健常児と違って，ひとりで遊びにいく手段をもっていませんし，遊びにいく場所もとても制限されています。
　市内では，母親の就労といった一定の基準を満たしている子ども以外，基本的に障害児は学童に受け入れてもらえません。ですから学校から帰宅すると，母親がひとりで子どもを抱えこんでいる状態になっています。残念なことに障害児と過ごした健常児も，卒園してしまえばそれ以上に障害児と関わることは，なくなってしまうのです。
　そんな思いを抱いている時，地域の懇談会の席上で，私の思いに共感してくださる方がたが障害児の放課後活動を立ち上げてくださることになりました。それがウィズです。「南町というこのまちで，地域の人とともに」という願いをこめてつけた名前です。
　ウィズは場所を提供してくださる方と，ボランティアで遊び相手になってくださる方がたの協力で，週1回活動しています。公園へのお散歩や公共の

場所への出入りを通して，地域での知り合いが増えました。時に，人の気をひこうと，わざといたずらをしてたしなめられることもあるようで，それも隼人の成長にとってはよい経験になっていると思います。
　ウィズが私たちに与えてくれたものは，実に数多くあり，なんといっても，自分たちが住んでいる地域に，存在場所を見つけられたことが一番大きいことだと思います。そして，ボランティアの方がたに心を許していく隼人の姿を見て，彼の生活空間が，確実に広く，そして深くなってきているのを感じます。また，彼の姉弟たちのちょっとした用事の時でも，「ご近所感覚」で手助けをしていただくことも多く，実家が地方にある私にとっては，なんとも心強い存在になっています。そして，それは私の心にゆとりを生み出し，「自分がしてもらって本当にうれしい，と思ったことを今度は自分のできる範囲で誰かに返していこう」と思うようになりました。ささやかだけど，そんな温かい感謝の心が次から次へと地域の人びとの心に伝染していったら，なんてすてきなまちになるかしらとも。
　これからウィズは，その地域性をいかし，大人だけでなく健常児とも交われるような活動ができれば，と思っています。それは決して障害児側のメリットだけではないはずです。「地域」だからこそできることを，もっと真剣に考えていきたいと思っています。

藤田あき子　平成13年8月14日

5　だれもが居場所を得て　いきいき暮らせるまちをめざして

　南町福祉の会の活動は，一人ひとりの声に応えて小さな小さなまちづくりをしてきました。関わっている人も多いわけではありません。けれども広報だけは少しでも多くの人に伝わるように努力をし，どの活動も開かれた場にしてきました。何年か活動するうちに，「困っている人，さびしい人など必要な人がいつでも地域に出てきて，自分の居場所，役割を見つけられるようにする」それが私たちの一番大事な仕事ではないかと思えてきました。それも義務でなく楽しくね！　もちろん地域で必

要な相談，支援はしたいと思いますが，それだけで終わりにはしたくないと思います。

　どんなにサービスが充実して安心して暮らせても，受身になるだけでは人はいきいきと暮らせないのではないでしょうか。ここでいう役割というのは，してあげることだけをさしているのではありません。たとえば，寝たきりの人でも，障害をもつ人でも，その人の存在自体が人に喜ばれるというのも人の役に立つことだと思います。みんなで支え合って，少しでも多くの人が「死ぬ瞬間まで生きていてよかった」と感じられるような人生を送れる地域にしたいと願っています。

　老若男女を問わず，地域に出て居場所や役割を得た人たちが，今いきいきと暮らしています。それも仲間と一緒にです。そして最近，お年寄り，障害をもつ人，越してきた人などいろいろな人からこんな言葉が聞かれるようになってきました。「こんなに助け合っている地域はない，ありがたい」「吉祥寺南町に越して来てよかった」「友達が越してきたいといっている」「お便りを隅から隅まで読んでいます」などです。

　また，他の地域からも南町の活動に参加する人が増えてきて，感心されたり，うらやましがられたりしています。形としてはっきり見えるわけではありませんが，自分の住むまちのことに関心をもつ人が増え，居心地がよいと思う人が増え，確実に暖かい人と人とのつながりが広がっているのを肌で感じます。

　ここ数年，吉祥寺南町では，コミュニティセンターを拠点にして，南町福祉の会だけでなく多くのグループが生まれ，またそれらが連携して急速にまちづくりが進んでいます。

　ここまで来られたのは，ひとつにはコミュニティセンターという「拠点」があったこと，地域住民に知らせる「広報を充実」させたこと，やりたい人が好きなことをやるのに反対する「古い体質がなかった」ことなどによると思います。

田舎のよいところと都会のよいところ，昔のよいところと今のよいところをかねそなえたような人と人の関係のなかで，少しでも多くの人が居場所を得て，楽しみながら，まちづくりに関わり，いいまちをつくっていけたらと思います。数年後，10年後を見ていてください。吉祥寺南町はきっとすばらしいまちになると思います。(2001年8月)

[今木仁恵]

学習課題 まちづくりについて，もし自分だったらという視点で考えてみましょう。

1. もしあなたが，あるいは，あなたの家族が知的障害をもっていたとしたら，地域にどんなことを望みますか。どんな地域であったらよいと思いますか。

2. 子どものころ住んでいたまち，今住んでいるまちで，人がどんな関係で暮らしているか，よいところ，わるいところに分けて考えてみましょう。

3. もしあなたが自分の住む地域で「まちづくり」に参加するとしたら，何をしたいですか。何ならできると思いますか。今，将来，について考えてみてください。

コラム①
施設生活のなかの子どもたち

　人間，十人十色といいますが，学園の子どもたちと日頃接していると，その個性の違いには格別の感を抱きます。子どもたちの行動は常識という固定概念にとらわれないので，職員にとっては思いもよらない事態が時として起こります。

　まずは，勇ましいところから。テレビはひっくり返る，食事中にお茶わんが飛ぶ，分厚いガラスが体当たりで割れる，板戸が足蹴りで破れる……。

　これでは大ケガ続出ではないか，と思うとさにあらず。不思議や，ご当人，周囲の子どもたちも大事に至らずに済んでおります。

　壊れるはずがないと思いこんでいる物が，いとも簡単に壊れるということを子どもたちは次々と実証してくれるのです。「こんな物がどうして壊れるのだろう，こんな怪力の持ち主がいたかな」と不思議に思うのですが，これが何とスーパーマンでも，相撲の小錦でもなく，学園の子どもたちのなせる技なのであります。

　小さないたずらは，枚挙にいとまがありません。「回っている換気扇に棒を突っ込むのは誰だ！」「排水溝に石けんやタオルを突っ込むのは誰だ！」「バイクや自転車が軒並み倒れている，アッ，川に自転車を落としてはダメでしょう。ジリジリーンと非常ベルの音，エッ，また，若葉寮の誰かさんが背の高いのを利用してベルを押したんですって」。

　職員が日常的に使う頻度の高い語句のベストテン，間違いなく，禁止句，叱咤激励句が揃うはずです。「コラッ」などという世間ではあまり聞くこともできない言葉も，学園では常用語といえます。

　それでも，子どもたちはさらにたくましく，職員の目をかいくぐり，「コラッ」をものともせず，自分の思うことを成し遂げては，してやったりと，ニッコリと微笑むのです。「ぼくは大きくなったら，バスの運転手になるんだ。センセイは大きくなったら何になるの」返答に窮して，後でしみじみと考えました。大人も子どもたちと一緒に大きくなりたいなあ。

＊これは，『児童部だより：どろんこ45号』（滝乃川学園児童部　1984年11月1日），1頁に掲載されている島春枝さんの文章です。1980年代ではありますが，子どもたちの生活のようすがリアルに表現されています。

コラム②
友達への感謝をこめて

　この話は私が職業としての社会福祉を選択することになった出来事の一つであり、私が感銘を受けたことでもあります。

　友だち（Aさん）と私が出会ったのは中学校1年の時に私が入部していた部（吹奏楽部）に彼女がKさんという友達と一緒に入部してきた時です。私たちはすぐに仲良くなり、いつも（Hさんを含めて）4人で一緒に行動するようになりました。ある時、家族のことについてあれこれと話していたとき、たまたまきょうだいの話になりました。各自が自分のことについていろいろ話した後、Aさんに話題が向けられました。私たちは「きょうだいはいるの」「何年生」などいろいろなことを聞いていきました。

　ところが、しだいにAさんは黙ってしまい、会話の中に入らなくなりました。その時は何も思わなかったけれど、後で私が何か失礼なことを言ってしまったのではと思い、それ以来その話をしないようにしました。

　数日してから私はAさんと遊ぶことになったので、私は彼女の家に行き、数時間遊びました。夕方になって帰ろうと思った時、ちょうどAさんの母親と弟（B君）が帰ってきたところに出くわしたのです。私は2人にあいさつをして玄関を出ようとした時、ハッと気づいたのです。「弟は障害者なんだ……」

　次の日、私はAさんに会い、昨日のお礼を言った後、彼女は私に、「驚いたでしょう」「私の弟は知的障害者なんだ」といわれてしまいました。そんな時どんなふうにいえばいいなんて、その時の私にはわかるはずもなく、ただ黙って聞くことしかできませんでした。とっさに「一番人にいいたくなかったことだったんでしょう。ゴメンネ……」といって謝ってしまいましたが、私の心の中は罪悪感でいっぱいでした。でも、彼女は「いつかはいうかもしれなかったんだし……だから気にしなくてもいいよ。でも、このことは人にはいわないでね」と優しくいって私を慰めてくれました。まるで私がショックを受けていたことをわかっているかのように……。

　彼女からの告白以来、私たちの関係が悪くなることはなく、むしろさらによくなっていきました。そして時どきB君とも会うようになりました。彼はとてもシャイな男の子で、私がAさんの家に行ってもいつも恥ずかしそうな顔をして、なかなか会ってくれませんでした。とても繊細な心をもつ子だと思いました。

　中学2年になってからは、Aさんと2

人で市内で主催しているボランティア活動に参加してさまざまな体験をしました。その年の夏は知的障害をもつ人の作業所を訪問し、4日間共同作業をさせてもらいました。朝はラジオ体操をしたあと、午前と午後3時間ずつ作業をしました。彼らはみんな成人だったのでとても社交的な人が多く、休憩時間になると、常に私たちに話しかけてくれました。食事やおやつの時は一緒にカラオケをしたり、スポーツを楽しみました。彼らを陰から支えているのは施設の職員のみなさんです。時に厳しく、時に優しく私たちに接してくれました。

その時、施設長さんにいわれた言葉は、「ここで出会った人を大切にしてください」です。これはきっと私たちへのエールだったと思います。「人との出会いは自分を変える……」。私は今でもそう思っています。

[大学1年生　今里弥佳]

コラム③
自分がありのままでいられる社会

知的障害者施設「滝乃川学園」の教会で礼拝に出席しました。でも私は、礼拝で同席した知的障害者に自然に接することができず戸惑ってしまいました。どうしてできなかったのかを後で考えてみました。そうしたら、私の心のなかに障害者に対する壁のようなものがあるのに気がつきました。

その壁とは障害者に対して、「友達や家族と話すように自然に接することができない。障害者の人たちのなかに溶け込んでいけない」という冷たさや、恐れのような気持ちがあることです。私は、介護を職業として選んだのに、こんな気持ちになるなんて嫌だなと自分でも思いました。友だちにそのことを話したら、「それはいけないよ」といわれ、そうなんだよね…と思い、今でも心のなかにその時のことが残っています。

滝乃川学園に行って、自分も世間の人と同じような気持ちで障害者と接しているように思いました。あるいは、障害者と接することを避けて通り過ぎてきたこともありました。学校から帰る途中の駅などで障害のある人を見かけて、「あっ、どうしたのかな」と思っても、そのまま通り過ぎたり、ジーッと見られたときも話しかけられると困るので見ないようにしたりと。今まではそれで済んでいました。

しかし、介護や障害者福祉の勉強を始めて、いろいろと考えることが多くなり、自分のものの見方、生き方を考え直していかなければならないと思うようになり

ました。今回の見学で障害をもっている人から、笑い返してくれる心のあいさつのようなものを感じました。今はまだ、話しかける勇気はないけれど、いつか自然に話せる自分になりたいと思います。

さて、私が、小学校3年生の時の話をしましょう。同じクラスに外見が異なった女の子がいました。私たちは、同級生の男の子と一緒に、その女の子をからかっていました。今でも忘れないで覚えているのですが、その子は嫌そうでした。私はまったくその子の気持ちを考えずに、からかい続けました。

そして、何日かして、授業中に担任の先生から思いっきり叱られました。先生は、「同じ人間としてお前らは最低なことをしたんだ、そんな奴は死ね！」といいました。それをいわれた時、心臓が縮みそうなくらい怖くて、痛くて、悪いことをした恥ずかしさでその場を逃げ出したかったのを覚えています。

その授業が終わってから、ビクビクしながら、女の子に謝りました。でもその子は、「いいよ」と許してくれました。私は救われた気持ちになりましたが、罪悪感で自分自身がすごく嫌になりました。生きていく上で、大切なことを先生から教えてもらったと思っています。

私自身、「今ここに生きている人たちみんなが、自分という存在を表現できる社会であってほしい、自分がありのままでいられる社会になってほしい」と強く望んでいます。そうした気持ちを大切にして行動できる人間でありたいと思います。

そして、偏見や誤解をもっている人の意識が変革されることを願います。社会全体の色が「優しい色」に変化すれば……人の意識も変わると思います。そうした意識変革が、職業として福祉を選んだ私の目標でもあります。

［大学1年生　辻村　希］

登山グループの人たちに合流して

II

地域生活支援の
活動について学ぶ

Ⅱ 地域生活支援の活動について学ぶ

第1章

援助者の自己理解
―― 感情，価値，スタイルについて

　わたしたちが行う援助活動は，利用者を理解することから始まります。しかし，利用者を理解する以前に，援助者は，自分自身を理解していなければなりません。地域の社会資源に関する情報を集めることにのみ専念して，自分自身に関心を向けないでいると，援助活動の質的な向上は望めません。ここでは，援助者自身の感情，行動特性や価値観が援助活動に及ぼす影響を明らかにし，そうした援助者自身の個性を生かすための活動について考えてみましょう。

1　感情レベルでの自己理解

　あなたは自分の感情的な動きから切り離して，自分自身を客観化することができるでしょうか。日頃の生活を振り返ればわかるように，わたしたちは主観を排除して，完全に自分自身を客観化して観察することはできません。自分を理解するためには，「主観的な見方でもよいから，自分を多面的に観察すること」が求められます。さまざまな角度から自分の感情的な動きを理解することであり，一面的であった自分自身の感情表現に気づくことが大切です。

　わたしたちは，自分自身の感情（見る，聞く，触れるなどによる好き，嫌いの感じ）に基づいて，他者の行動を判断します。自分の感情表現や発想パターンの特徴について知っていると，利用者とやりとりをする際，自分を柔軟に用いることができます。たとえば，あなた自身がある人に対して，「生理的に嫌い」という感情をもつ時，その理由にはさまざまなことがあると考えられます。それは，「すぐに誰かに対して依存的になるタイプの人」が嫌いなので，生理的に嫌悪するのだと気づいた場合，

あなたは，そうした感情をもつ自分をどのように理解しますか。

　依存的なタイプの人を嫌うのは，これまで周囲の人に自分自身が「十分依存させてもらえず生きてきた体験」がそうした感情を強めているのかもしれません。これに気づけば，生理的に嫌いという自分の感情だけで援助活動を行うことを避けることが可能になります。

　また，自分の感情に敏感になると同時に，状況に応じた自分自身の状態像への気づきを忘れないようにしなければなりません。われわれは，不安をもちながら援助活動を行うのと，ある確信に基づいて行うのでは，自分自身のパフォーマンスが変化することを経験します。援助活動が「うまくいかなかったなあ」と思っている時に自分をみるのと，「自分の力を出し切って，やれることはやった！」という満足な思いで自分に関心をもつのとでは，みえてくる自分の状態像が異なります。これは，状況に応じて，みえる自分が異なるという自己理解の仕方です。

　自分の弱点に気づき，それを直すのも必要ですが，強みや個性などを含めてトータルな自分を理解することが一層大切です。自分の弱点を変えるという発想ではなく，自分自身の弱点を含めた個性やもち味を援助活動のなかにどのように生かしていくかを考えるのが大切になります。わたしたちが援助活動を行っていく際，自分の感情の動きや個性に無関心であることが問題なのです。

2　価値レベルでの自己理解

　さて，あなたは，自分自身の価値観がどのような状況でよく表現されると思いますか。わたしたちの価値観は，家族や友人のような親しい関係のなかでよく表現されているのではないでしょうか。

　たとえば，中学校を卒業後，自分でアルバイトをしながら高校・大学を卒業した男性がいたとします。その男性は，逆境であったにもかかわ

らず，勉強して一流商社の課長になりました。上昇志向の強い彼は，仕事を生きがいにして生きてきました。

こうして生きてきた彼の価値観は，「貧困になるのは努力が足りないからであり，それは個人の責任だ」ということになります。そして，子どもの頃に，自分を捨てて男との生活を選択した母親が彼の前にあらわれ，借金願いの接近をしてきました。彼は，自分の価値観に基づき，母親の願いを拒否しました。彼には，過去の母親に対する感情とともに，体験的に身につけてきた価値観があるからです。

ところで，社会福祉援助においても，個人の価値観が活動に反映されます。わたしたちは，自分の価値観に基づいて利用者を理解しようとします。たとえば，援助者が先に述べたような商社の課長と同様の価値観をもっていた場合，どうなるでしょうか。援助者は，路上で生活している人を見て，「努力が足りないから，こんな生活をしているのだ」とか，「これは自業自得だ」という個人的な価値観に基づいた判断をすることになるでしょう。

わたしたちには，援助活動を行う際，こうした自分自身の個人的な価値観がどのようなものであるのかに気づくことが求められます。価値観をとおしてわたしたちはものごとを判断しますが，この価値観をメガネにたとえて考えることができます。

したがって，われわれは自分自身の価値観（メガネ）の特徴（色や歪み）に気づき，利用者や同僚との関係にそれがどのように反映されているかを常に点検する必要があります。自分自身の価値観に基づく判断傾向を理解するようにしたいものです。援助者の価値観の善悪を問題にするというのではなく，どの程度自分の価値観に敏感であるかどうかが問われます。

たとえば，図2-1-1の「援助活動時の価値ブレンド」に示したように，右側が専門職の価値フィルター，左側は個人の価値観フィルターの

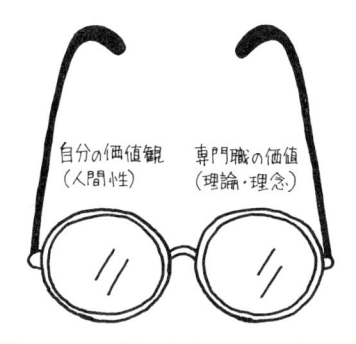

図 2-1-1　援助活動時の価値ブレンド

入ったメガネを，援助活動を行う際にわたしたちがもつことになります。時として，援助者の個人的な価値観のみで仕事をしている人に出会いますが，それでは専門的な援助にはならないのです。自分自身の価値観は捨て去ることができませんが，専門的な価値とのバランスが援助活動には求められます。

　それでは，専門職としての価値とはどのようなものでしょうか。

　図2-1-1の「援助活動時の価値ブレンド」に示したものは，援助者が専門職として社会福祉の援助活動を行う際の状況を示したものです。ここに示されている専門的な価値は，援助者の個人的な価値観から切り離されるのではなく，援助者の価値観や思考特性と深く結びついています。

　わたしたちは，専門的な価値をもっているからこそ，援助活動の意味が明確になり，具体的な課題を設定することができます。そうした課題が明らかになると，援助者の役割を理解することができるようになります。さらに，援助者の役割意識が明確になれば，どのような知識や技術を用いることが望ましいかを考えていくことになります。

　表2-1-1に示したように，わたしたちの価値観や資質と専門職の価値のブレンドされたものが基盤になって，関係づくりの技術や，社会資源に関する情報を用いて活動を行います。基本的には，利用者や家族の

表 2-1-1　援助者の価値・役割・知識・技術

価値	根本的価値（個人の尊厳・平等），中立的価値（QOL）
	手段的価値（自己決定・プライバシーの保護）
	倫理（利用者の利益優先，自己決定の促進・秘密保持）
	態度（誠実，受容，個別化，非審判的態度）
資質	想像力，柔軟性，臨機応変
	熱意，態度，動機
役割	代弁者
	相談者
	ネットワーク形成者など
知識・技術	人と環境に関する視点
	社会資源に関する知識
	関係づくり技法・援助技術
	援助過程（評価・計画・実施・終結）
	記録管理技法

出所：平岡公一（他）編，『社会福祉キーワード』有斐閣，1999年，p.215 の表を修正して引用

　主体性・個別性を重視した専門的な知識や技術の活用が望まれますが，援助者の個人的な判断が影響を与えることを考慮しておくことが大切です。

　また，専門的な価値や身につけている知識，技術のレベルには個人差があり，そうした違いに気づくことも大切です。わたしたちは，これまでの生育史をとおして身につけた価値観は，捨てることができません。自分自身の価値観のみで援助活動をするのは，「自分流援助」といわれたりしていますが，わたしたちは，表2-1-1の「援助者の価値・役割・知識・技術」に示されている価値がどのように仕事に反映しているかを点検しながら活動していかなければなりません。

　自分の価値観と，専門職の価値がブレンドされてつくられるバランス，両者の比率は個々の援助者により，さまざまです。そうしたバランスや比率のあり方があなた自身の援助者スタイルを形成するということに気

づくことが大切です。自分の価値観と専門職の価値の接近，乖離，あるいは援助活動に与える両者の比重はどのような状態が好ましいでしょうか。仮に，専門職の価値のみで援助活動が行われた場合，形式的で味気のない対応になるのではないでしょうか。個人の価値観と，専門職の価値という両者のブレンド，融合に対する気づきが大切であるといえます。

3　援助者スタイルの意識化

　わたしたちは，援助活動を行う際，自分自身の活動スタイルについて敏感になることが大切です。すでに述べたように，専門職としてのスタイルを決定する要因には，個人の価値観と専門職の価値バランスのあり方以外に，援助者のエネルギー，創造性，判断力，社会資源の活用方法などがあげられます。さらに，服装，髪型，心構え，話し方，あるいは，立ち居振る舞いなども自分自身のスタイルを表現する大切な要因として考えることができます。

　図2-1-2の「専門職価値・知識・技術の関係」で示してあるように，援助者のスタイルを決定する重要な価値観は，木の根のようなものであると考えることができます。それは，個人の価値観と専門職の価値バランスが保たれ，しっかりとしていないと倒れるので，栄養を常に与える必要があります。個人的なものを含め，価値観には，常に栄養を与えるような配慮が必要です。

　図2-1-2に示されている根の部分は，わたしたちの価値観のみならず，ライフスタイルや思考・行動特性によってつくられています。あるいは，この部分には，個人の資質に含まれる想像力，柔軟性，臨機応変，熱意や態度，援助活動に対する動機なども含まれます。「わたしは，専門的な価値よりも，情熱で仕事をする傾向がある」というように，援助

図2-1-2　専門職価値・知識・技術の関係

活動を支える根の部分がどうなっているかを知ることが大切です。

　ところで、援助者としてのスタイルに敏感になるには、どのようにしたらよいでしょうか。

　あなた自身の感情表現の仕方や価値観について気づいていると、自分の個性を生かした援助活動のスタイルを状況に応じてつくることができるようになります。経験的に自分自身の感情表現や価値観に気づいたら、それを整理する習慣を身につけることをおすすめします。

　自分の行動特性を理解するために、気づいたことをその場でメモすることです。たとえば、「わたしは人に頼まれると断れない」とか、「わたしは好奇心の強い人に熱心に質問されると、つい調子に乗りしゃべりすぎる。そして、後で後悔する」あるいは、「話の要領を得ない人には、すぐにイライラして、返事を急いで求める傾向がある。この傾向は、忙しい時に顕著になる」などがあげられます。こうしたあなたを知るための「日常活動のメモ」を残す際の留意点として、つぎのようなことがあげられます。

　日頃から自分の感情のもち方と感情の動きに敏感になることです。自分自身がどのような感情をもちやすいか、感情表現の特徴について、敏感であることが求められます。感情のもち方や表現の特徴は、これまでに営んできた人間関係が反映されたものです。

ライフヒストリーを用いた自己理解の方法として，自分の生育歴に関心をもつことがあげられます。たとえばすでに述べた商社の課長になった父親のような考え方の人は，自分の考え方に影響を与えたと思われる出来事に気づいたことがあればメモを取るようにします。意識しないで仲間とお酒を飲みながら，ライフヒストリーに基づく自己理解を深める人たちもいますが，これは，個々人が意図的に行うことが必要です。

また，他者は，わたしたちのキャラクターのみでなく，姿勢，表情，服装，話し方などをとおして，さまざまな「印象」をもちます。わたしたちは，他者とのやりとりで，自分のもち味や個性がわかるようになりますが，個性表現の程度や範囲は，援助関係の形成度合いにより異なってきます。援助者としてのスタイルは自分自身の個性を基本にして専門的な価値，知識，技術が加わり組み立てられます。

自分自身の感情，価値観，スタイルに関する継続的な省察を行うことは，援助者としての質を保つために重要な作業です。利用者，同僚，上司，あるいは，友人や家族からの助言は，自分自身の援助者スタイルを点検するための重要な手段になります。

[高橋幸三郎]

学習課題

1 あなたが感情・生理的に好きなタイプの人，嫌いなタイプの人をあげ，なぜそうした感情をもつのかについて話し合ってみましょう。

2 あなたの家族の人に自分自身の性格について尋ねて，その内容を話し合ってみしよう。

3 わたしたちは，プライベートな場面で自分自身の価値観がもっ

ともよく表現されます。あなた自身の価値観が端的に表現されている生活場面について思い浮かべ，そこで表現される価値観について考え，話し合ってみましょう。

参考文献

尾崎新『ケースワークの臨床技法』誠信書房，1994年
斎藤孝『できる人はどこがちがうのか』筑摩書房，2001年
社会福祉教育方法・教材開発研究会編『新社会福祉援助技術演習』中央法規出版，2001年
仲村優一監修『ソーシャルワーク倫理ハンドブック』中央法規出版，1999年
平岡公一・平野隆之・副田あけみ編『社会福祉キーワード』有斐閣，1999年

Ⅱ　地域生活支援の活動について学ぶ

第2章
自閉症の世界

　ここでは，自閉症の人の心の世界について学びます。自閉症の人の心の世界はとても独特で，理解しにくい面もあります。しかし，その豊かさがわかってくると，どちらが援助をしているのかがわからなくなって来る時があります。また，援助しているのか，それとも理解しているのか区別もつかなくなる時があります。ちょっと不思議な自閉症の世界を一緒に味わってみましょう。

1　自閉症とは

1　自閉症って，どんな人？

　自閉症とはどんな人のことをいうのでしょうか。「友達ができない」「話ができない」「変わったことに関心をもつ」，そういう人と思うかもしれません。「そんな人だったら自分の周りにも何人かいる」と感じる人がいるかもしれません。しかし，そういう人が自閉症であるわけではありません。

　狭義の自閉症は，アメリカ精神医学会が発行しているDSM-IVでは，自閉性障害と呼ばれています。①対人関係に質的な障害がある，②コミュニケーションに質的な障害がある，③狭い範囲の型にはまった行動や関心や活動を繰り返す，という3つの特色があり，そのうち少なくとも1つが3歳以前にあらわれた人が自閉性障害と診断されます。「対人関係に質的障害がある」とは，友達と一緒に遊べないことや，親子でも気持ちのやりとりがむずかしいことなどを意味します。「コミュニケーションに質的障害がある」とは，話し言葉がなかなか出ないこと，話し言葉があっても自分から人と話しをしようとはしないこと，同じことを

繰り返し話すことなどを意味します。「狭い範囲の行動や関心や活動を繰り返す」とは，いわゆる「こだわり（常同行動）」のことです。物の置き場所，自分が歩くコース，いつも持ち歩く小物に対するこだわりなど，こだわりの中身はさまざまです。これらの症状は，自閉症児本人にとってもとてもつらいことですが，特にその養育者にとって苦労の多い日々をもたらしがちです。広義の自閉症は，この自閉性障害を中核的としつつ，レット症候群やアスペルガー症候群等も含めた広汎性発達障害（PDD）のことを指します。広義の自閉症は，自閉症スペクトラムと呼ばれることもあります。スペクトラムとは症候群（シンドローム）と同様，さまざまな要素を含むという意味です。つまり，一口に自閉症と言っても，さまざまな人がいるのです。

2　どうして自閉症になるの？（学者の意見）

このような自閉症の状態像を学者が説明する理論仮説のなかで，「心の理論」障害説が有力とされてきました。「心の理論」とは，他者の意図，思考，信念など心理状態を理解するためのメカニズムで，自閉症者はそのメカニズムがないために対人関係やコミュニケーション等に障害があらわれるとするものです。「心の理論」障害説では，人間を機械のように見立てて，他者の心理状態を理解する部品（「心の理論」）がないから，他者の心理状態がわからないというのです。

他方，「心の理論」障害説を批判するのが，感情認知障害説です。感情認知障害説とは，自閉症を，他者と情緒的に接触することに生得的な障害があるとするものです。この説では，他者の心理状態は，「心の理論」という理論を身につけることで理解できるようになるのではなく，相互性のある対人関係を体験することによって理解可能になる，と考えます。

「心の理論」障害説は認知面を中心に自閉症の障害を考えるのに対し

て，感情認知障害説では，情緒面を中心に考えています。自閉症は認知面と情緒面の両方を含んだ障害ですし，この2つの理論仮説のいずれが正しいのかはまだ決着がついたわけではありません。

　これらの理論は，自閉症と呼ばれる障害を外から見た場合に，このように見えるという学者の仮説です。しかし，自閉症を実際に生きている人から自閉症を見ると，また別の見方ができます。

2　自閉症者にとっての自閉症とは

1　「感じる世界」の困難

　1986年以降，10人以上の自閉症者が自分の半生を回顧して自伝を著すようになっています。そこで描かれていることは「自閉症の世界」と呼びうる独特のものです。

　自閉症者たちが強調する「自閉症の世界」の特色はその感覚・知覚の特色にあります。たとえば，読者のみなさんのなかで雨の音が気になる人は少ないと思いますが，雨の音がまるで機関銃を撃った音のように聞こえる自閉症者がいます。このような自閉症者はさまざまな音がはっきりと区別なく聞こえてしまいます。教室の音をカセットテープで録音して後から聞いてみると，自分が実際に聞いた音と違って，いろいろな音が録音されていることに気づかれると思います。自閉症者の中には，録音テープと同じように，さまざまな音を取捨選択せずに拾ってしまう人がいるのです。そのような自閉症者は，電車，デパート，教室の中のように人が集まるところでは，耳に入る音が溢れて混乱しやすいのです。

　また，60ヘルツの蛍光灯は1秒間に60回点滅しますが，私たちの目には点滅が見えません。しかし，自閉症者のなかにはこの点滅がはっきり見えてしまう人がいます。教室では蛍光灯を使うことが一般的ですから，

そのような自閉症児は，教室がまるでミラーボールが回るディスコのように見えてしまうのです。光がちらちらするなかで黒板の文字や先生の話に集中することはきわめて困難でしょう。

このように，音が聞こえすぎたり，いろいろなものが見えすぎたりすることを「感覚過敏（hypersensitivity）」と呼びます。これとは逆に，痛みに鈍感であったり，大きな音も聞こえない自閉症者もいますが，その場合は，「感覚鈍麻（hyposensitivity）」と呼びます。たとえば，音に敏感であるけれども，痛みに鈍感であるという自閉症者がいて，人によって感覚過敏と感覚鈍麻の組み合わせはさまざまです。このように，自閉症者は私たちとは別の形で感覚・知覚から情報を得ています。それは，自閉症者に大きな苦痛と混乱を招くことになります。

2 「感じる世界」の素晴らしさ

しかし，自閉症の感覚・知覚の特色は別の側面もあります。たとえば，見たものを詳細に取捨選択することなく見て記憶してしまう自閉症者がいます。そのような人は，見たものから写真で撮ったような細密画を描くことができます。それは見事なものです。また，一度でも見た単語や文字は正確に記憶しますから，スペリングを間違えることはできません。ただ，それは形として記憶していますから，書き順を間違うことも多いのですが，書き順にこだわる必要はありません。正確な文字を書くことの方が重要でしょう。聞いた音を正確に記憶する自閉症者のなかには，一度でも聴いた音楽は正確に記憶していて，それをすぐにピアノで演奏できる人がいます。それは素敵なものです。

なかには，幼いときから計算や幾何が得意な自閉症者がいます。たとえば，小学校1年生の時から，4桁同士のかけ算を簡単にしてしまう自閉症児もいます。それは感心させられます。これも感覚・知覚の特色と関係があると考えられます。このような自閉症者は，一種の天才で「サ

ヴァーン（savant）」と呼ばれますが，自閉症者の10％がサヴァーンであるといわれます。しかし，自閉症の人は一種の天才があるから素晴らしいのではありません。

自閉症の人は感覚・知覚情報を取捨選択しないと述べました。しかし，それだけではなく，自閉症者は自他の区別をしないところにもう一つの特色があります。自伝など多くの著作を持つ自閉症のドナによれば，自他の区別のない状態は「無我の境地であり，……瞑想の最高段階の方略」だというのです。同時にその状態は「自分のスピリットの，汚れのない純粋さ，無垢さ，誠実さが，誰もが望む最高の段階，すなわち，単純さの中の美を実現する」状態でもあるのです。この状態を禅では「純粋意識」というようです。「高機能」と呼ばれようと「低機能」と呼ばれようと，自閉症の人がその感覚・知覚を通して経験している内的世界は，ありのままで素晴らしいものだ，といっていいのです。

3　自閉症者と恥の感じ

1　理解しづらい「感じる世界」と自閉症者の「恥の感じ」

ところが，この素晴らしい世界は，周りの大人にとっては理解しがたいものなのです。乳幼児の精神科医で臨床心理学者であるスターンは，自他の区別のない感覚的な世界を人は誰でも生後6週間に体験することを述べています。しかし，自他の区別のない「感じる世界」は乳児期を過ぎれば卒業してしまうことが一般的ですから，大人になった「普通の大人」はかつて自分が体験していた感覚的な世界を忘れてしまいます。そんな大人にとっては，自閉症児が素晴らしい感覚世界を楽しんでいると，それは引きこもって対人関係を拒否しているかのように見えることが多いのです。しかも，自閉症児を育てることには，多くの重い苦労が

伴いますから，大人が自閉症児の心の中まで想像する余裕を失っても無理はありません。しかし，そうなれば，大人は，自閉症児が素晴らしい感じる世界を味わうことを禁止し，対人関係とコミュニケーションを教え（押し付け）ます。

　その結果，自閉症者は，対人関係とコミュニケーションに対して恐怖と不安を感じやすくなります。そればかりではありません。素晴らしい世界であるにも関わらず，「感じる世界」に対して誰も価値あるものと認めてくれない経験を毎日毎日繰り返しているうちに，自閉症者自身までも「感じる世界」を価値あるものと感じられなくなってしまうのです。自伝を記した自閉症者は異口同音に「自分はどこか人と違っていることはわかるけれども，それがどういうことなのかはわからない」と述べています。これは，自閉症者が「感じる世界」を通して自分やこの世界を理解しているときに，それを誰からも理解も説明もされず，価値あるものとも認められないことを表現した言葉です。そんな自閉症者は，自分の「感じる世界」に「恥の感じ」を抱いて，それを隠そうとするようになります。つまり，自閉症者が感じやすいのは，「中毒性の恥の感じ」といえます。

　ブラッドショー[5][6]によれば，恥の感じには2つあります。ひとつは「健全な恥の感じ（a healty sense of shame）」であり，もう一つは，「中毒性の恥の感じ（a toxic sense of shame）」です。健全な恥の感じとは，「自分は不完全だが，それでいいのだ」という感じであり，謙虚さと，他者との相互性や信頼関係を可能にします。それに対して，中毒性の恥の感じは，自分の感じに基づいて何かを理解し表現するときに，繰り返し直面せざるを得ない「自分は恥ずかしくて駄目だ（shameful inadequacy）」という感じです。自閉症者は中毒性の恥の感じに繰り返し直面するので，自分の感じに基づいた理解や表現を頑なに隠そうとするようになります。その結果，自閉症者はアイデンティティ形成が過酷なまでに困難なもの

となります。アイデンティティは，自分の感じに対して信頼し，自分の法則として自分の感じに忠実に従う時に形成されるものだからです。

2　「恥の感じ」に基づく自閉症者の対人関係

自閉症者は自分の感じを隠しますから，自分の感じとは違ったものに基づいて情報処理をし，経験を体制化しなくてはなりません。一番目立つ方略は人真似です。人真似はエコラリア（反響言語，いわゆるオウム返しのこと）とエコプラキシア（反響動作，人と同じしぐさや行動をすること）です。人の言ったことをすぐに口真似したり，人のやったことを後から真似ることは誰でもすることですが，自閉症者の反響言語と反響動作は，自分で意識的にしているというよりも，何かのきっかけで不意に出てくる場合が多いのです。つまり，自閉症者は無意識に反響しているところに特色があります。

また，人とあまり関わらない「疎遠」という方略もあります。これは中毒性の恥の感じを感じるような場面から物理的に逃げ出したり（「回避」），あるいは，中毒性の恥の感じから意識を逸らすために感覚的な世界の中で夢想に耽る状態（「夢想」）のことをいいます。前者は中毒性の恥を感じる場面から物理的に疎遠になることであり，後者は心理的に疎遠になることです。いずれの方略を使っても，一時的にその場に対処することにはなっても，自分の感じに基づいて経験を一貫した形で組織化するというアイデンティティ形成の課題は実現できません。

4　援助者の役割とその陥穽　投影

そこで，自閉症者を援助することの中心は，自閉症者自身が価値を見いだせないでいる感じる世界，自閉症者の感じを再評価（reevaluate）することです。しかし，そこに大きな陥穽があるのです。

その陥穽とは援助者が自閉症者に激しい投影（逆転移）を起こしやすいことです。簡単にいうと，ここでいう投影とは「自分の弱さを相手のものとして見ること」です。つまり，自分の弱さを自閉症者のなかに見てしまうのです。自閉症者を援助する場は，養護学校，知的障害児施設，病院などさまざまです。そのような教育・福祉・医療現場の人間関係は，構造上必然的に上下関係が存在します。つまり，教員，職員，看護婦が「上」であり，生徒，利用者，患者が「下」です。このような上下関係が構造上保障される職場には，この投影を起こしやすい人が集まります。上下関係を利用して自分の弱さを投影してしまえば，自分の弱さを自分自身で引き受けなくて済むからです。

援助者が自分の弱さを自閉症者に投影した場合，極端な自己コントロールか，極端な他者コントロールをすることで，その投影した弱さに対処しようとします。その投影が極端な自己コントロールに傾けば，いわゆる「受容的」な関わりになり，それが極端な他者コントロールの方に傾けば，いわゆる「行動療法的」な関わりになるのです。しかし，いずれの場合も，投影しやすい人は自分の弱さを引き受けない点で，自閉症者と同様「中毒性の恥の感じ」が強いのです。

援助者が投影しながら「受容的」に自閉症者に関われば，自閉症者に振り回されますし，「行動療法的」に関わって自閉症者をコントロールすれば，自分の弱さを解決したような錯覚に陥ります。これでは，援助者は自閉症者と相互性のある関わりができないので，相互性のある関わりを通して，自閉症者自身の感じに基づいた理解と表現を再評価することができません。

5　自閉症者が自分らしく生きることを援助するために

1　援助者自身が、まず基本的信頼を豊かにしよう

　援助者がまずしなくてはならないのは、「自分の弱さを含めて自分自身の感じを大切にして生きる」ということです。投影を起こしやすい人は、中毒性の恥の感じのほかに、怒り、悲しみ、さびしさ、憎しみなど、さまざまな感じを押し殺して生きています。まず、その感じを誤魔化さずに味わってみることが必要です。それは大変つらい経験であることに間違いありません。しかし、それを回避しているようでは、自閉症者を援助できないばかりか、「あなたならではの人生」を歩むこともできないのです。

　自分の感じを大切にするためには、ひとりの時間を大切にすることです。心の内から湧き上がってくる感じを静かに味わうのです。その繰り返しの中から、自分の感じに対して信頼をもつことができるようになります。それはまさしく基本的信頼を実感する時です[7]。それがはじめの一歩です。それは同時に「ひとりの豊かさ（ソリチュード solitude）」を体験することなのです[8]。

　それができたら、今度は自閉症者と関わってみてください。自閉症者が何を感じているのかに心の耳を澄ませましょう。それはいつも自分にしていることを、自閉症者に対しても実践することに他なりません。しかし、自閉症者の感じていることがすぐにわからないかもしれません。それは自分の感じがすぐにはわからなかったのと同じです。希望をもって関わっていると、今までわからなかった自閉症者の感じが理解できる時がきます。それは感動の一時です。これも自分の感じの本当の意味がわかった時の感動と同じです。

写真1　ミー君

2　自閉症者の生きる喜び

　このように自閉症者と関わっていくと，自閉症者は自分の感じに基づく表現をじつに楽しそうにうれしそうにするようになります。ここまで来たらシメタモノです。その表現を援助者も自閉症者と共に味わい楽しむといいでしょう。その関わりから自閉症者は自分の感じが価値あるものという実感を確かなものにしていくことができるからです。

　写真1のミー君は，根っからのアスリートです。幼い時から運動神経抜群で，跳び箱，一輪車，短距離走などが非常に得意です。このいきいきした表情を見てください。ミー君のこの楽しさ，できるという気持ちなどを援助者も共有しながら関わるうちに，ミー君はますます自分の感じに基づいた表現が可能になってきています。

　写真2のコーヘイ君は，小さな芸術家です。小さい頃から絵が好きで，きれいな色を使った絵を描いていました。写真は，大好きな新幹線を木で作っているところです。いい顔しているでしょ。新幹線には素敵な思い出があるに違いありません。コーヘイ君が芸術作品を作る時に援助者もうれしさや感動を共感しながら関わると，コーヘイ君はますます自分

写真2　コーヘイ君

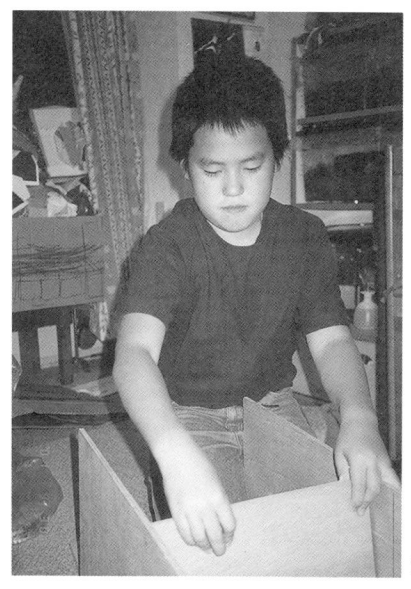

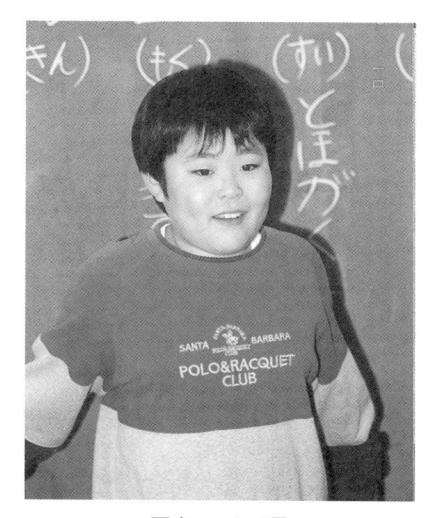

写真3　カイ君

の感じに基づいて表現するようになるでしょう。

　写真3はカイ君です。カイ君は笑顔がとっても魅力的です。耳がとっても敏感で，人込みやはじめての場所などはちょっと苦手ですが，好きなメロディを鼻歌にします。もしかしたら音楽の才能を隠しているのかもしれません。カイ君の感じを生かすことを援助者が大事にしていくなかで，音楽の才能が隠れているのなら，その隠れた才能を表現していくはずです。

　自閉症の「感じる世界」はありのままで素晴らしいと述べました。なぜなら，私たちが日頃忘れている"感じる"ことの大切さを，そこに無尽蔵の恵みの基があることを，自閉症の人たちは私たちに教えてくれているように感じるからです。その感じは静かなものですが確かな手応えのあるものです。

［石川秀樹］

注

(1) ガーランド,G. ニキ・リンコ (訳)『ずっと「普通」になりたかった』花風社，2000年

　　Grandin, T., & Scariano, M. M. *Emergence: Labeled autistic.* Novato: Arena Press. 1986. [カニングハム久子 (訳)『我，自閉症に生まれて』学習研究社，1994年]

　　Grandin, T. *Thinking in pictures.* New York: Vintage Book. 1996. [カニングハム久子 (訳)『自閉症の才能開発：自閉症と天才をつなぐ環』学習研究社，1997年]

　　Lawson, W. *Life behind glass: A personal account of autism spectrum disorder.* London: Jessica Kingsley Publishers. 2000. [ニキ・リンコ (訳)『私の障害，私の個性』花風社，2001年]

　　森口奈緒美『変光星：ある自閉症者の少女期の回想』飛鳥新社，1996年

　　ゼリーン, B. 平野卿子(訳)『もう闇のなかにはいたくない』草思社，1999年

　　Williams, D. *Nobody nowhere.* New York: Avon Books. 1994. [河野万里子 (訳)『自閉症だったわたしへ』新潮社，1993年]

　　Williams, D. *Somebody somewhere.* London: Corgi Book. 1995. [河野万里子 (訳)『こころという名の贈り物：続・自閉症だったわたしへ』新潮社，1996年]

　　Williams, D. *Autism: An inside-out approach.* London: Jessica Kingsley Publishers. 1996.

　　Williams, D. *Autism and sensing: The unlost instinct.* London: Jessica Kingsley Publishers. 1998.

(2) Williams, 1998, p. 206

(3) Williams, 1998, pp. 206-207

(4) Stern, D. N. *Diary of a baby.* New York: Basic Book. 1990. [亀井よし子 (訳)『もし，赤ちゃんが日記を書いたら』草思社，1992年]

(5) Bradshaw J. *Healing the shame that binds you.* Florida: Health Communication. 1988.

(6) ブラッドショー, J. 新里里春 (訳)『インナーチャイルド：本当のあなたを取り戻す方法』NHK出版，1993年

(7) Erikson, E. H. *Childhood and society.* New York: W. W. Norton. 1950. [仁科弥生 (訳)『幼児期と社会』1・2　みすず書房，1977年]

(8) Storr, A. *Solitude: A return to the self.* New York: Ballantine Books. 1989. [森省二・吉野要(監訳)『孤独：自己への回帰』創元社，1994年]

学習課題

1 自閉症の人自身は自閉症をどのように体験しているでしょうか。その体験は，学者が自閉症を外から観察しているのとどのように違うのでしょうか。

2 援助者にとって自己理解が大切ですが，それを自分自身の育ちや人間関係パターンと結びつけて考えてみましょう。

3 自閉症の感じる世界を，援助者が共有していくためには，何が一番大切なのでしょうか。

参考文献

アシュトン, I. B. 浜谷喜美子（訳）『自閉症児：ドゥースクロフト校の試み』三一書房，1990年

上田幸子（切り絵・上田豊治）『こんにちは，上田豊治です』樹心社，1999年

ショプラー, E.・オーリー, J. G., ランシング, M. D. 佐々木正美ほか（訳）『自閉症の治療教育プログラム』ぶどう社，1985年

全国情緒障害教育研究会（編）『個性的に生きる：自閉症児成長の道すじ』日本文化科学社，1999年

ユング, C. G. 松代洋（訳）『現在と未来』平凡社ライブラリー171，1996年

渡部信一『障害児は「現場（フィールド）」で学ぶ：自閉症児のケースで考える』新曜社，2001年

Ⅱ 地域生活支援の活動について学ぶ

第3章
卒業後の暮らし
──一人ひとりのニーズに応えた支援について

　1981年の国際障害者年の基本思想はノーマライゼーションであり,「完全参加と平等」という標語の下,自己決定の尊重と当事者の参加・参画がアピールされていました。

　1996年からの「障害者プラン」では主要な7つの柱が示されました。そのなかの"地域で共に生活するために"という項では「ノーマライゼーションの理念の実現に向け,住まいや働く場ないし活動の場や必要な保健福祉サービスが的確に提供される体制を確立する」と明記されています。そして昨今の「措置から契約へ」を主題とした基礎構造改革においては,個人が尊厳をもってその人らしい自立した生活が送れるように,ということが理念として謳われています。

　これからの福祉が全体として目指すのは,「自立と社会参加」「自己決定に基づいた地域での暮らしの支援」,そして「権利擁護」が軸になります。ここでは成人期の暮らしと支援のあり方について考えてみることにしましょう。

1　通所施設で活動する

　知的障害をもつ子どもたちは,学校を卒業後,一般企業へ就職したり入所施設に入るなどを除けば多くは通所施設に通うことになります。現在成人期の障害者が通う主な施設には次のようなものがあります。

　①知的障害者通所更生施設
　②知的障害者・身体障害者通所授産施設
　③知的障害者・身体障害者福祉工場
　④知的障害者・身体障害者デイサービス
　⑤重症心身障害児(者)通園事業,A型,B型
　⑥自治体の独自制度による通所施設
　⑦小規模作業所

更生施設は，法制度の上ではリハビリテーションのための施設であり，社会復帰できるように支援することを目的とし，授産施設は職業訓練を行なうとともに自活できるよう支援することを目的とする施設です。したがってこの更生施設というものはもともと重度の人の受け入れを想定しておらず，制度としては，訓練を受けて次の段階へ進むための通過型訓練施設として位置付けられています。

　この更生施設の中には期限を決めて受け入れているところや，就労を目指しているところもあります。しかし実際には①から⑦の施設のうち，もっとも障害の重い人を受け入れている施設は①の通所更生施設です。施設利用者のうち約7割以上が重度の人となっています。

　また小規模作業所は更生施設や授産施設の地域的な偏在や，絶対数の不足などを背景として，地域での通所の場として関係者の努力で作られたものがほとんどです。これまで根拠法はありませんでしたが社会福祉法（2000年）の成立により社会福祉法人としての認可を受けることができるようになりました（事業の内容はこれまでの社会福祉法人と比べると限定されています）。

　いずれにしても更生・授産などの法的な位置づけの，また障害の重い人が通える施設のあり方，あるいはさまざまなサービスの利用のしかたなど施設制度全般の見直しについては今後の大きな課題として残されています。

2　通所施設の実際

1　デイセンター山びこの場合

　デイセンター山びこは1993年に開設された知的障害者通所更生施設です。武蔵野市（人口約13万人）に暮らす知的障害者のうち主として障害

の重い人や個別的な対応を必要とする人を中心に受け入れています。

　デイセンター山びこでは，利用者の方がたに対してその意思や個性を尊重し，ご家族と協力しながら，その人にあった方法で幅広い援助をすすめるようにしてきました。そしてさまざまな活動を通して，広がりや地域との交流をつくりだし一人ひとりの思いが実現できるような援助を目指しています。また日中の活動の充実のみでなく，家族の思いも踏まえながら，個々の利用者へ向けたさまざまな支援を，他機関と協力・連携しながら行っています。

2　利用者援助の基本的な姿勢

援助の前提

　援助は通所する障害当事者の個別のニーズを受け止め，本人の意思（意向）を踏まえ，一人ひとりにあったはたらきかけを行うことがまず前提となります。ここに援助のむずかしさがあります。

　しかし知的障害の多くの人は自分の意思を表現することが苦手です。ましてや過去の体験から肯定的な自己像をもつことができないまま，自分の気持ちをうまく人に伝えられず，周囲からみるとわかりにくい行動をとる人が少なくありません。しばしば職員は障害のある人に対して表面上の行動のみに目を奪われ，その人のことを一方的に固定的な像として捉えてしまいがちです。これではその人の本当の訴えを受け止められません。

　まず援助とは本人が何を求めているかを受け止めるところから始まります。施設のやり方に当てはめるのではなく当事者との関わりを深めながら，その意を受け止め，関係する周囲の状況を考慮して，すすめていかなければなりません。

具体的な援助の視点

　施設を利用する当事者との間に何でも言える関係，いきいきとした関

係を築くことが大切です。人への信頼感がはぐくまれることで，それを基盤としてその人らしさや意欲といったものが少しずつあらわれてきます。その点でデイセンター山びこでは次の4つの視点を重視しています。

① 安心感の尊重
② 個性と長所の尊重
③ 主体性の尊重
④ 人格の尊重

援助の内容

　山びこでの活動をおおまかに示すと図2-3-1のようになります。

　地域と関わりや社会参加プログラムが年々増えてきました。また自己表現につながる活動が活発になっています。創作的な活動では作品展を開いたり，市民の皆さんと一緒の場にも出品しています。重症心身障害の人には可能な範囲での医療的なケアを行い，仲間と共に過ごす時間ができるだけ多くなるように取り組んでいます。大勢のボランティアの皆さんが側面からこうした活動を支えてくださっています。

援助の方法

○静かでおだやかに働きかけるようにします。職員の大声やゆとりのない話し方，また職員同士の私語は利用者を不安にさせ，その場が落ち着かないものになってしまいます。
○個別または少人数の活動を中心とし，一人ひとりのペースを大切にします。
○利用者の行動から本人の訴えを推察し，できるだけ本人の意に添った活動が行えるよう配慮します。
○本人の生活リズムを軸に活動を組み立て，達成感，満足感のある活動，そして自己表現につながる創作的・創造的な活動を重視します。
○作業は一人ひとりにあったものを設定し，働くことにつながる取り組みを行います。

110　Ⅱ　地域生活支援の活動について学ぶ

（図：デイセンター山びこ2001の活動領域）

外周区分：趣味・リラックス／医療・健康／生活／住まい／地域・参加／創作・作業／表現

中央：デイセンター 山びこ 2001

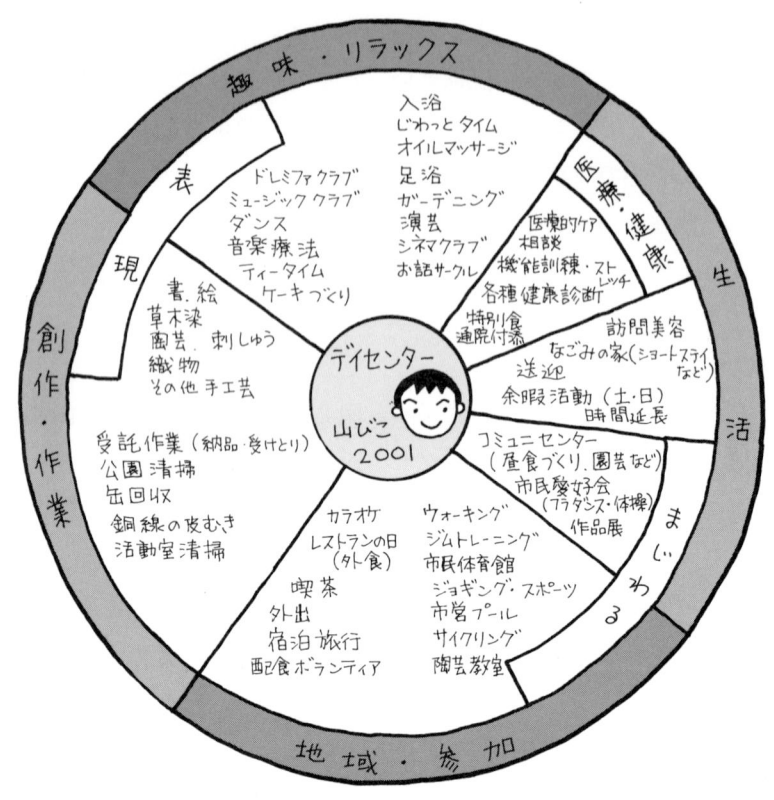

趣味・リラックス：入浴、じわっとタイム、オイルマッサージ、足浴、ガーデニング、演芸、シネマクラブ、お話サークル

医療・健康：医療的ケア、相談、機能訓練・ストレッチ、各種健康診断、特別食、通院付添、訪問美容

生活：なごみの家（ショートステイなど）、送迎、余暇活動（土・日）、時間延長、コミュニセンター（昼食づくり、園芸など）、市民愛好会（フラダンス・体操）、作品展

住まう（住まい）：ウォーキング、ジムトレーニング、市民体育館、ジョギング・スポーツ、市営プール、サイクリング、陶芸教室

地域・参加：カラオケ、レストランの日（外食）、喫茶、外出、宿泊旅行、配食ボランティア

創作・作業：受託作業（納品・受けとり）、公園清掃、缶回収、銅線の皮むき、活動室清掃

表現：ドレミファクラブ、ミュージッククラブ、ダンス、音楽療法、ティータイム、ケーキづくり、書・絵、草木染、陶芸、刺しゅう、織物、その他手工芸

図2-3-1　デイセンター山びこの活動

○コミュニケーションや情報の伝達を工夫し，わかりやすく，混乱のないように配慮し，意思表出を引き出せるような関わりをします。
○医療的なケアが必要な人についてはできるだけ通所を可能にするように対応します。
○利用者本人の生活全般を視野に入れて個別援助計画を作成します。個別援助計画が目指すのは「その人らしい充実した暮らし」です。本人の意思が確認できる場合はそれをまず行い，むずかしい場合でも本人の行動から意向を探るなどして作成します。なお並行して家族とも合意が得られるようにします。

○社会参加，地域との関わりをすすめます。地域のなかで活動する機会を増やし，地域資源の活用，地域の人との交流などを通して生活の広がりや充足をもたらすことができるようにします。

3 家族との関係

よりよい利用者への援助は家族との信頼関係を欠いてはできません。家族への情報公開，秘密の保持が滞りなく行われねばなりません。親は保護者であるわけですが，知的障害をもった子どもが成人に達してもなお保護者であることを求められる現行の仕組みには疑問の声があります。親も職員もそれぞれ当事者を支援するという立場であると思います。

3 障害のある人も安心して暮らせるまちづくり

障害のある人たちも当然のことながら地域で暮らしています。つまりコミュニティの一員です。しかし地域というのは，一人ひとりが孤立しやすいし，周囲の無関心や差別などの圧力もあります。訴える力の弱い本人にとってはともすれば地域というのは怖いところにもなります。今のところは地域で暮らしている人の多くは家族と暮らしています。家族に守られることが前提になっているといってもいいかもしれません。

しかし，地域で暮らすということはかならずしも家族と同居するばかりではありません。単身であるいはグループホームなどでの自分の気に入った生活を望む人もいるはずです。実際適切な支援があれば街の中で暮らすことができるのです。

アメリカ精神遅滞学会では知的障害（ここでは精神遅滞と表記されています）についてこれまでの概念を修正し，社会生活を送る上での適応技能の障害という要件を新たに提示しました。そこではコミュニケーションや身辺処理など適応技能は10の領域で示されています。これまでのよ

うな知能指数で本人を見て，できないことをできるようにする働きではなく，その人をひとりの生活者ととらえて，その人がどんな支援を必要としている人なのかを明らかにし，必要な支援を講じようという考え方です。

　こうした考えはその人が生活している周辺，すなわち地域でどういう支援体制を作り上げねばならないのかを支援者に問うものといえます。たとえばまず必要なものはさまざまなサービスが利用できるような支援です。知的障害の人にわかりやすいサービスの利用案内です。また成年後見制度や地域福祉権利擁護事業，また苦情解決の仕組みも作られていますが，これを知的障害者がすぐには使えません。支援者の存在を抜きには考えられないことです。それも知的障害の本人が信頼でき，何でも言える間がらの人が必要とされます。さらに知的障害の人の地域での暮らしを支えるにはこういった人の存在に加えて地域の人の理解が必要です。

　武蔵野市では「心のバリアフリー市民会議」という市民のあつまりが発足しました。障害のある人に対する市民・民間企業・行政の理解を深め，障害当事者および家族等と市民の生きた交流を促進することにより，障害のある人も安心して暮らせる「まち」（コミュニティ）をつくり上げることを目的とする市民団体です。

　素朴な言葉でいえば権利とはその人が生きていく上で欠かせないものといえます。障害のある人の，こうしたい，こう生きたいという願いを受け止めてそれを実現できるような地域のさまざまなネットワークづくりが必要になってきます。施設職員もこうした地域とのかかわりを広げていくことが求められています。

4 今後の課題　地域での暮らしを支える

　通所施設が求められている基本的な機能は、「日中の活動支援」です。それは働くことを含めた自立支援ということになります。

　通所施設の職員は日々通所している人たちと向き合いながら、その人の思いや悩み、そしてその人が抱えているさまざまな困難を受け取ります。実際に家族が何かあった時、相談するのは通所施設であることが多いのです。施設職員は日中の活動の支援を行うわけですが、利用者の24時間365日に目を配りながら援助に当たることを求められています。

　それは、これまでの通所施設の役割にはなかったことかもしれません。しかし、施設が「うちではできません」といって切り捨ててしまうことは、この過渡期の社会福祉状況のなかでは意味のあることとは思えません。通所施設のあり方も問われているのです。

　むろん現在の通所施設の機能ですべてをまかなうことは不可能ですが、現状では障害のある人の地域生活を支える総合的なシステムがまだ不十分であることを考えると、通所施設に期待されているものは決して小さくありません。これまでは施設はともすれば定型的なサービスをしていればいいと考えられがちでしたが、これからはその人の生活全体を捉えながら、本人が望む生活に必要な支援を、直接あるいは他機関と協力・連携しながら進めることが重要ではないかと考えます。日中活動の充実とともに、たとえば余暇活動や、土日の活動などの生活支援サービスの供給量を増やすことがこれから大きな課題になります。

[安藤真洋]

注
　文中にある"支援"はより包括的な概念で、"援助"は直接的なかかわりを含むものと

して使用しました。

学習課題

1 地域の住民によって行われるボランティアの活動について，その意義や働きを考えてみましょう。

2 支援の視点，内容，支援の方法，家族との関係などについて考え，話し合いましょう。

参考文献

アメリカ精神遅滞学会編　茂木俊彦監訳『精神遅滞』学苑社，1999年

平田厚『知的障害者の自己決定権』エンパワメント研究所，2000年

ヨーランソン，J.ほか著　尾添和子ほか訳『ペーテルってどんな人』大揚社，2001年

日本知的障害者福祉協会『平成11年度全国知的障害施設実態調査報告書』2001年

Ⅱ　地域生活支援の活動について学ぶ

第4章
知的障害者グループホーム
――「えびす・ぱれっとホーム」の活動について

　これまで施設か在宅しかなかった知的障害者の生活の場も，少しずつ選択肢が広がりつつあります。「親亡き後」も住み慣れた地域において，少人数で生活していくためにグループホームのあり方が模索されるようになってきました。ここではグループホームの歩みと現状を制度的側面から理解し，実践事例をとおして今後の課題について考えてみましょう。

1　グループホームの歩み

1　グループホームとは

　グループホームとは地域社会のなかにある住宅で，数人の知的障害者が，家賃や食費などを一部自己負担し共同で生活する場であり，専任の職員によって日常的生活援助が行われています。
　グループホームができる以前の知的障害者の生活は，在宅か入所施設での生活が中心でした。グループホームは，入所施設の限界や問題点を克服するために考えらた居住の場です。グループホームのすぐれた点として，慣れ親しんだ地域社会のなかで当たり前の生活ができること，管理されず，一人ひとりのライフスタイルが尊重されること，さらに開設が施設より容易なので，多くのグループホームをつくることによって，住居に関する選択の幅が広がるということがあげられます。

2　グループホームの法的・制度的位置づけ

　1989年，「精神薄弱者地域生活援助事業実施要綱（現在は「知的障害者

地域生活援助事業実施要綱」に改正）」を定め，国はグループホームを制度化しました。この要綱では，①目的：知的障害者に対し，日常生活の援助等を行うことにより，自立生活を助長する，②入居対象者：15歳以上で就労していて共同生活を送る上で支障がない程度に身辺自立していること，③定員：4人以上などが定められ，グループホームの運営主体であるバックアップ施設の役割なども規定されています。

グループホーム利用者の就労条件は現在では法的には撤廃されていますが，実際はほとんどの利用者は就労している（作業所などの福祉的就労を含む）のが現状です。また，身辺自立に関して，重度の認定を受けた利用者に限り，重度加算がつくようになりました。これは，きめ細かい援助を必要とする重度知的障害者のための人件費として使われます。グループホームは法的には，知的障害のあるすべての人が利用できるようになっていますが，それを現実のものとしていくのはこれからといったところでしょう。

さて，東京都では国のグループホーム制度に先がけて1978年に生活寮（グループホーム）制度を実施してきました。東京都には社会福祉法人が設置し運営にあたっている「都型グループホーム」と，区市が独自の施策として設置している「区・市型グループホーム」とありますが，その運営要綱はおおむね国の制度に準じています。

2000年度のデータでは全国には約2,500か所のグループホームがあります。東京都には約230か所のグループホームがあり，約1,100人の知的障害者がグループホームで暮らしています。

次に，「えびす・ぱれっとホーム」の実践例をとおして，グループホームの現状について考えてみることにしましょう。

2　「えびす・ぱれっとホーム」の実践について

1　「えびす・ぱれっとホーム」の概要

　「えびす・ぱれっとホーム」は、1993年に開所した東京都渋谷区にある区型のグループホームです。利用定員は6人で、緊急一時保護2室を併設しています。渋谷区生活寮運営要綱に基づき、区内に住所を有し、現に就労している人、または通所授産施設などを利用している人（見込みのある人を含む）が対象となっています。渋谷区では入居に際しての就労条件は撤廃されていません。利用料は月額55,000

えびす・ぱれっとホーム外観

円ですが、利用者本人の収入額によって、家賃補助制度があります。
　利用者は現在男性2人、女性4人。19歳から41歳までの方が共同で生活しています。通所授産施設（作業所）通所者が4人、企業就労者が2人です。専従職員は5人で交代宿直制をとっています。その他、代替職員（登録制アルバイト）や夕食作りボランティアがホームを支えています。
　表2-4-1に記されているように、ホームの生活はどこにでもある普通の家庭と同じように、一日が流れています。

表2-4-1　えびす・ぱれっとホームの一日

6:00	職員勤務開始　朝食作り・利用者起床確認
6:20～7:30	それぞれの出勤時間にあわせて朝食をとる
8:30	利用者の出勤終了　掃除，日誌記入
10:00	引き継ぎ（前夜から朝にかけての利用者の様子，今日の予定確認）
16:00～18:30	利用者帰寮　入浴
19:00	夕食
	入浴，団らん等自由に過ごす
22:00	それぞれの自室にひきとる

2　利用者の生活と支援のあり方

　ここで「えびす・ぱれっとホーム」で生活する3人の利用者に登場していただくことにします。ホームでは，それぞれの力や経験に応じた個別支援を心がけています。年度末に利用者一人ひとりに個別の意向調査を行ない，ホームの生活について思うことを話してもらいます。また将来も含め，今後どのような支援を希望しているかについても聞きとり，個別の支援計画をたてています。

〈利用者Aさんの地域生活〉

　Aさんは，入居後4年が過ぎた35歳の男性です。歩いて15分の作業所に通っています。持ち前の明るさと優しさでみんなの人気者です。
　Aさんは入居まで自動販売機でジュースを買った経験もありませんでした。彼が社会人として生きていくためにまず必要なことは，誰かに必要なものを与えられることではなく，自分の給料で自分のものを買う，地域での行動範囲を広げることだと考えました。近所のスーパーでパックの麦茶を買うことから始め，少しずつ店と品物のレパートリーを増やしていきました。
　こういう時は本人の好きなもの，本人にとって必要なものを買うことによって経験を増やすことが大切です。今では，仕事帰りに好きな雑誌を買い，休日にはコンビニでお弁当やお菓子を買っています。床屋にも一人で行きます。歯医者に行く時は，連絡帳をもって行きます。歯医者さんの協力を得て，

第4章　知的障害者グループホーム　119

夕食のひと時

> その日の治療内容は先生が連絡帳に書いてくれます。
> 　彼のお母さんが，彼と一緒にまちを歩いていて，自分の知らない人と息子があいさつしていたことをとても驚いたとおっしゃっていました。本当にささやかではありますが，彼は親も職員も知らない自分だけの人間関係をこの地域で築き始めています。

〈利用者Bさんの自立生活への取り組み〉

> 　Bさんは，入居後3年がすぎた女性です。20歳になったことをきっかけにホームに入居しました。会社まで電車で1時間かけて通勤し，掃除の仕事をしています。Bさんは入居当時，ホームの生活になじむことがとても大変でした。はじめて親から離れることへの不安，さびしさ，共同生活のストレス…障害のあるなしにかかわらずはじめて家を出る人にとって共通の越えなければいけない壁が彼女の前にもありました。
> 　最初は1週間のうちのほとんどを自宅に帰ることで，心の安定を保っていました。けれど少しずつ，本当に少しずつBさんの心のありようと相談しながらホームで過ごす時間をのばしていきました。2年後，Bさんは自分の意思で住民票をホームに移し，今まで親がしていた給料管理を自分でするよう

になりました。経済的自立は精神的な自立につながります。Bさんは，自分の考えを自分の言葉で話せるようになり，自分が生活の主体であるということを理解しはじめています。そして，Bさんは，アパートでひとり暮らしをするための準備を始めました。

　わたしたちは，Bさんとのつきあいを通し，人間という存在の自立心と強さを感じます。それは家族以外の，他人との信頼関係が築けたことによって彼女自身が自信をもつことができ，それゆえに育まれたもののように感じています。

〈結婚してグループホームを出たCさん〉

　Cさんは他区のグループホームの閉鎖にともなって，「えびす・ぱれっとホーム」に入居しました。入居当初から知的障害のある男性との交際があり，結婚の希望をもっていました。

　2人が地域で生活していくためにはどうしても誰かの支援が必要です。どこに住むのか，どの程度の支援が必要なのか，本人たちと周りの支援者は何度も何度も話し合いました。障害がなければ何の問題もないことが，障害があるというだけで，大きな壁になってしまうことがたくさんありました。

　その後，Cさんは結婚生活に移行する前段階として，ホームを出て，民間アパートで独立した生活を始めました。日常の生活相談はホームの職員が対応しましたが，はじめての一人暮らしにとまどうことも多かったようです。毎日の食事作りはもちろんのこと，ある時は新聞の勧誘を受けて契約してしまい，解約方法を相談に来たこともありました。一人暮らしを始めて1年後，彼女は念願のウエディングドレスを着ることができました。

　現在，2人は生活支援センターの支援を受けて，しあわせな毎日を送っています。2人の結婚までの流れをみていて感じることは，「障害があるから無理」という周囲の勝手な思い込みが，どれだけ本人たちの可能性を狭めているのかということです。そしてとても大切なこととして，2人の生活を身近に見ることによって，他の利用者が自分の将来に対して希望をもつことができたことです。

3 グループホームの今後の課題

1 少人数ゆえの問題点

　グループホームは入所施設に比べ，きめ細かな個別支援を行ったり，地域での当たり前の生活に一層近づけることが可能です。けれど，少人数ゆえの問題点と閉鎖性があることも知っておかなければなりません。

　まずはじめに，他人と一緒に生活する時，相性の問題があります。誰しも自分と気の合う人と一緒に暮らしたいと考えています。入所施設では相性の合わない利用者の場合は部屋替えなどをして顔を合わせないようにすることが可能ですが，グループホームでは不可能です。相性がよくても悪くても，利用者は同じ場所で食事をし，同じトイレや風呂場を使わなければなりません。少人数ゆえのストレスがかかり，いさかいも起こりますが，同時に少人数ゆえの助け合いや仲間意識も育っています。

　また，従来のグループホームは利用者4人に対して職員1人の同居型という場合が多く，職員と利用者だけの狭い生活空間のなかで，密室化しやすい状況がありました。最近では別居型，交代制というグループホームもありますが，少数の職員によって運営されていることにかわりはありません。職員の考え方や価値観に利用者が影響され，支配されやすい構造があるということを知っておく必要があります。

　グループホームが密室化するのではという点については，制度化する当初から議論がありました。それを改善するため，バックアップ施設による支援体制や職員研修，グループホーム同士の連絡会などによって，職員を孤立させないようにすることが大切です。またボランティアや代替要員に関わってもらうことにより，風通しをよくする努力が必要です。そして何らかの評価体制を作っていくことも考えていく必要があるで

しょう。

2　グループホームのこれから

　自立生活や望ましい生活の形は人によって違います。こうなったらこの人は自立しているんだと決めるのは押しつけにしかすぎません。家族と一緒に暮らすことを望む人もいるでしょうし，グループホームで生活したいと思っている人もいるでしょう。また，アパートを借りて，ひとりで，あるいは，パートナーと一緒に暮らすことを望んでいる人もいるでしょう。大切なことは本人が望む生活ができること，そして生活をしていくための選択肢がたくさんあることです。グループホームはたくさんある選択肢の一つです。

　就労条件が撤廃され，重度加算がついたとしても，現在のグループホームは「元気で働ける人」が入居者の大多数であることが現状です。グループホームは家賃や食費の一部負担（5万円～10万円）が原則なので，ある程度の収入が必要です。また，介助の必要な利用者が入居した場合，利用者4人に職員1人という現在の職員配置では職員に介助労働的な負担が多くなり，利用者に適切なサービスを提供することがむずかしくなります。

　生活保護制度を利用したり，ホームヘルプ制度を利用して外部からの介助者を導入するなどして，グループホームを利用することが一部の先駆的な自治体では始まっています。また，急に親元を離れるのがむずかしい人のために，1か月程度の体験的な利用が可能なグループホームもあります。

　どんなに障害が重くても，そして，高齢になっても，自分の望む場所で，望む人と望むかたちで生活できることは，すべての人に当然与えられる権利です。グループホームが一部の人だけが生活できる場所にならないよう，社会福祉制度の枠を離れた自由な発想のもと，その将来を考

えていくことが大切です。

[遠藤紀子]

学習課題

1 グループホームとはどういうところか話し合ってみましょう。

2 入所施設と比較して、グループホームのすぐれた点と、限界について考えてみましょう。

3 今後、一人ひとりのライフステージを考えた場合、どういうグループホームが必要になるでしょうか。お互いの意見を出し合ってみましょう。

参考文献

定藤丈弘・谷口政隆編著『障害者のホームライフ：グループホーム』朝日新聞厚生文化事業団，1991年

東京都知的障害者育成会編『知的障害者の生活寮』日本文化科学社，1996年

全日本手をつなぐ育成会編『地域生活ハンドブックⅠ　グループホーム』全日本手をつなぐ育成会，1998年

中澤健編著『グループホームからの出発』中央法規出版，1997年

Ⅱ　地域生活支援の活動について学ぶ

第5章
ガイドヘルパー
――「サポートネット」の活動について

　障害をもつ人の地域生活を支えるためには，制度・施設やマンパワーが多数必要です。他の障害をもつ人にあっても，知的障害の人を対象としてはまだ不十分なもののひとつにガイドヘルプ制度があります。ここでは，それに取り組んだ事例について紹介します。

1　設立趣旨と経過

　1998年3月，当時デイセンター山びこ施設長の柴田洋弥さんの呼びかけで，のちの「サポートネット」を設立する動きが始まりました。設立のために集まったメンバーは次の人たちでした。
　山びこ施設長，障害者の親，保育所スタッフ，ボランティアグループの会長，高齢者介護事業の代表と将来スタッフとして期待される若い人たちです。
　なぜこのような動きが始まったのでしょうか。準備会設立の趣意書を見ると，東京都の障害者が地域生活をする上で，支援の制度やシステムが十分でないことがあげられます。重度知的障害をもつ人に対しては都外の施設で対応してきたため，なかには人権侵害の事件を起こす施設も現れてきました。また，社会福祉基礎構造改革が審議され障害者福祉の改革が進む状況が浮かんできました。そのなかで，大規模な施設ではなく小規模でもネットワーク型の事業がこれからのあり方ではないかと社会福祉法人を目指した地域生活支援事業を立ち上げようと趣意書は述べています。
　一方，武蔵野市には平成10年に武蔵野市障害者計画が策定されており，

ショートステイ事業，グループホーム，知的障害者のガイドヘルプ，デイサービスも含まれていました。民間には「武蔵野市にショートステイ施設を進める会」があり市に対してショートステイ事業の充実を求めていました。ところが武蔵野市はショートステイを実施する場所がなかなか定まらず，サポートネット設立の準備中にも施設利用者のお父さんが倒れられるということがあった時，ショートステイが不十分で関係者の努力で何とかしのいだという事件が起こりました。

　このような背景があって，「サポートネット」もいろいろな事業を考え，また社会福祉法人を目指すという大望もあったのですが，当面ショートステイを目標として，利用者と思われる方の保護者のご意見を聞きながら開設準備を始めました。そこでたちまち保護者の方たちから寄せられた質問は，どこに拠点を置くのかというものでした。準備委員のなかに高齢者介護事業の代表者がいて，その事務所に電話を置かせてもらい，事務機器は借用することとしました。しかし，ショートステイをいう以上建物がなくては事業が成り立たないことがはっきりしました。

　ここで問題になるのは当然のことながらお金です。実は，もうバブルもとっくに崩壊していたのに，市内の企業に要望すればそこそこの資金は集まるだろうし，個人でも相当額を拠出するという人もいると甘い見通しがありました。ところが建物を探さなければどうにもならないということとなって，どこからもお金が出てきそうにないことがわかりました。喫茶店に集まってああでもない，こうでもないとラチはあきません。事業をスタートさせると言明した以上，後には引き下がれません。

　準備委員の主な人たちが，この事業の趣旨を尊重して，へそくりを出そうという合意ができました。何とその額が100万円を超えたのです。そこでさっそく市内の不動産業者めぐりです。ところが，不動産業者は事業内容を聞くとそんなことに家を貸す家主はいないと冷たいものです。家を改築する間だけ借りるというような古家のもち主も，出入りするわ

図2-5-1　サポートネットの組織

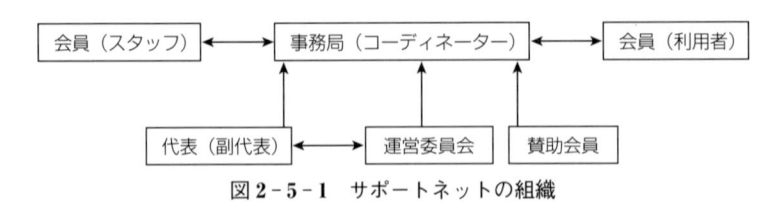

表2-5-1　サポートネットのサービス

スタッフ	←コーディネーター→	家族・利用者のニーズ
学生	イブニングサービス：	通所施設・学校終了後の一時保護・預かり・遊戯
主婦	デイサービス：	病院付添・買い物・遊園地・コンサート・スポーツ観戦など
受験生(大検を含む)		
定年退職者	宿泊サービス	体験宿泊・緊急一時保護・家族の休養など
就職希望者	グループ活動サービス	デイキャンプ・旅行・音楽・絵画・スポーツなど
ボランティア	ガイドヘルプサービス	施設・学校・活動場所等への送迎など

たしたちの姿を見て近所の手前があるといって断られたこともありました。しかし捨てる神あれば拾う神あり。以前診療所として使っていた建物が空いているという情報が入って，伝手をたどって家主さんに会い，手持ちの額を12か月で割った金額での家賃を申し出ました。ありがたいことに亡くなったご主人が人のためになることならという心の持ち主だったという奥様の言葉で賃貸借契約ができました。それが今の武蔵野市関前2丁目にあるサポートネットです。

　8月の暑いさなか，数年空家だった建物の掃除は大変でした。スタッフ候補のボランティアさんが壮年も若きも集まっててんやわんやのなかに掃除を終えました。開設後も何度か掃除しなおしても，診療所としての匂いが当分残っていました。

　1998年9月1日，「サポートネット」は次のようなサービス内容をあげて店開きしたのです。なお，サービスは原則1時間1200円の有償です。

　○イブニングサービス：通所施設・学校終了後のサービス
　○デイサービス：病院付添・買い物・遊園地・コンサート・スポーツ

観戦など

　○宿泊サービス：体験宿泊・緊急一時保護・家族の休養など
　○グループ活動サービス：デイキャンプ・宿泊旅行・音楽・絵画・スポーツなど
　○送迎サービス：施設・学校・活動場所等への送迎

　コーディネーター・スタッフのことは後で触れるのでここでは略しますが，活動のなかで重視したのは，スタッフと利用者の関係を信頼のおけるものにするために，グループ活動を重点的に実施しようとしたことです。

2　行政と財源

　「サポートネット」は以上のような経過を経てよちよち歩きを始めました。しかし，行政からの助成がなければこのような事業を継続的に運営していけないことは明らかです。利用者の家族が多額の負担に耐えられれば別ですが，普通は家族の生活と障害をもつ子どもの療育その他の費用で精一杯の生活を送っていると考られます。立ち上げの際も家族からの拠出を求める声もありましたが，とうていそれは無理と判断しました。一つは，この「サポートネット」の活動が親中心のものではないからです。

　そこで，財源として最初にアタックしたのは財団法人東京都地域福祉財団でした。東京都地域福祉財団は，地域で先進的な福祉活動をしているグループに対し援助をしています。それもある程度実績がなければ話にならないので，私たちはサポートネットの立ち上げからすぐに接触を図りました。「サポートネット」が知的障害児，特に自閉症を中心とする障害をもつ人を対象とすることで，財団側の理解はある程度得られたと思います。そこで，2年目に入ってから正式に助成の申請をしました。

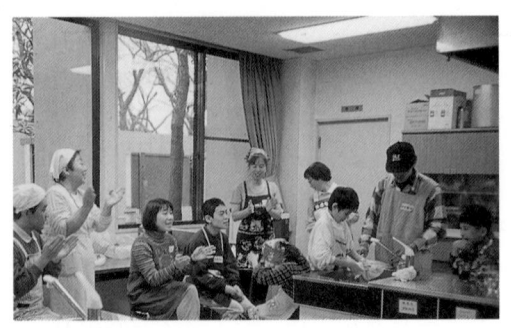

料理教室。まずおたがいに知りあうことから。

　ところが，東京都の財政再建という問題が起こり新規助成の制限，既存事業のカットという事態が持ち上がりました。申請後，担当者が2度も「サポートネット」に視察するという経緯があったものの，結局申請は却下されました。

　東京都へのアプローチが最初にあったように，どちらかというと武蔵野市と三鷹市を中心とした活動をもくろんでいた「サポートネット」は市に対するアプローチはあまり切実なものではなかったと反省しています。しかし，武蔵野市は市長の主導でテンミリオンハウス事業を推進するようになりました。テンミリオンとは1,000万円のことで，運営費として1,000万円を助成することにより介護保険の対象とならない高齢者へのサービス事業として考えられたものですが，対象のなかには障害者や児童も含まれることが記されていました。

　これに着目して「サポートネット」はテンミリオンハウス事業の発足以来，事業として認めてもらえるよう申請をしました。しかし，当初から高齢者中心の事業であり，なんでもそうでありますが最初はモデル事業で，その目的から相当外れた「サポートネット」の事業が認められることはありませんでした。しかし，選定委員の中にはサポートネットの事業を評価される方もいたようで，ダメはダメだったのですが，最初からダメといわれず審査に残った該当地区の競合申請者との再度のプレゼ

ンテーションを求められました。

　その後機会あるごとにテンミリオンハウス事業への参加を申請していますが，平成13年には NPO 法人に対し児童の緊急保育事業が認められたので，やがて私たちの事業分野も認められるのではないかと期待しているところです。

　行政からの助成がなかなか得られない状況のなかで，ありがたかったのはボランティアのグループや財団・労働金庫・市民社会福祉協議会などからの助成が徐々にいただけるようになったことです。設立当初の苦しいときに大学のボランティアグループから多額の寄付をいただいたときは，グループのお考えもあったことでしょうが，私たちの活動に対する意義を若い人にまで認めてもらったとの感慨を深くしました。公的な面では，武蔵野市民社会福祉協議会の助成は実績３年以上の団体という条件がついているので，満３年で評価されたとの思いがあります。

3　スタッフのことなど

　「サポートネット」の活動をしていくために，基本的に必要なものはスタッフです。この点では，若い人たちに人気のある現副代表の合田晃が参加してスタッフを集められたことは何よりも幸運なことでした。とはいうものの，最初から必要にして十分なスタッフが集まったかというとそんなことはありません。運営委員会やスタッフも集まった全体会などでどうしたらスタッフを集められるかというのがやはり最大の課題でした。

　募集のメディアとしてあげられたのは，飯田橋のボランティアセンターや武蔵野市内を運行するムーバス，近くにある大学，ミニコミ紙等でした。

　飯田橋のボランティアセンターは，ボランティア対象なので有償ス

タッフの募集ができません。「サポートネット」は，グループ活動に力を入れていますが，その理由は知的障害をもつ子ども，特に自閉症の子どもは相性や人柄を見ることがあるのでグループ活動に利用者もスタッフも参加してお互いに知り合い，仲良くなることを重視しました。そのためにボランティアを募集しています。

　また，近くの大学学生課や社会福祉学科にもポスター・チラシを持参してお願いしました。成蹊大学，ルーテル学院大学，武蔵野女子学院大学，亜細亜大学などが近くにあるのは強みです。この大学の学生から，在学中強力なスタッフや事務局として活躍してくれる人が出てきました。また，三鷹市には福祉専門学校が設立され，ここの学生が２期生になるとともにスタッフとして働いてくれる人が出ています。

　学生ばかりではなく，フリーターの人で福祉に関心をもつ人，大検の予備校生で時間に余裕のある人，主婦でボランティアをしている人などいろいろな方の協力で「サポートネット」が運営されているのです。

　「サポートネット」が発足当時から，若いスタッフが真剣に協力してくれているのですが，当初も現在も，彼らが心配しているのは「サポートネット」のビジョンは何かということです。知的障害をもつ人の地域生活を支援するといっても，人・物・金・将来像などが明確でないと協力していても不安だというのです。早い話，人も物も金もない状況で，将来像くらいなければどうにもならないというのは本当です。社会福祉構造改革といっている現状からしてそんなに明確なビジョンは持てないといっても心配なことは心配です。

　また，ほかに仕事を抱えているスタッフの立場からすると自分たちの役割がはっきりしないことも無限に責任がもたされるのではないかとの不安もあったでしょう。半世紀前後生きてきた人たちからすると，世の中の変化やこの分野の拡大からまだまだはっきりしたことがいえるような状況ではないという考えもあります。こうした議論を重ねて揺れ動い

ているのが「サポートネット」の現状です。

4　活動を支えるための課題　スタッフや資金

　無理に家を借りてまで発足した「サポートネット」でしたが，たちまち問題が起こりました。すなわち，武蔵野市がショートステイの場所と運営団体を決めて1999年の春からスタートしたのです。さらに，武蔵野市は第2のショートステイを法人武蔵野に委託して実施を開始しました。しかも，利用は無料（現在は有料）という設定なので，「サポートネット」のショートステイの利用者は考えられなくなりました。事実，宿泊で利用をした例はこれまでも数えるほどです。

　その事実を踏まえて，「サポートネット」がどのように変わったかというと親のニーズはショートステイのほかにもいろいろあったのです。たとえば，「学校が終わった後いつも迎えに行くけれども，今日は用事で行けない。その送迎やしばらくの間遊んでいてほしい」「プールが好きなので連れて行ってほしい」「病院に付き添いで行ってほしい」「通所や通学の送迎を定期的にしてほしい」などがあげられます。こうして今一番多いニーズは送迎です。これはガイドヘルパーの仕事といってもよいでしょう。

　これらの要望に何とか応えながら運営を続けています。しかし，知的障害の子どもが中心の利用者は親からも，対応がむずかしいという不安があります。なぜなら，コミュニケーションが困難で，たまにはとびだす子どもがいます。米国ではrunnerというくらいです。この利用者に対応するためのスタッフの確保がまず課題です。若さと知的障害（自閉症中心）を理解しているスタッフをどうリクルートするかです。学生はいずれ卒業していきます。参加してくれる学生は福祉に理解がある優秀な人ですが，あとを埋めるのが大変です。さらに増やすことになると至

難といわざるをえません。スタッフに対する知的障害理解の研修も欠かせませんが，まだまだ不十分です。

ガイドヘルパーの仕事として，東京都の知的障害者に対応する制度は平成12年から実施されています。しかし対象者は中軽度の知的障害者であって，子どもは対象になっていません。また，この事業は時間単位で，補助金の支給がありますがコーディネートする人への報酬や建物への家賃助成がありません。「サポートネット」のようなやり方では運営は困難になります。財政的にどのようにもっていくか。利用者への直接的な負担増は避けたいところです。

「サポートネット」は親の運動から始まったものではないので，まだまだ親との連携が不十分です。利用して便利なサービスと認識されたのちは口コミで入会者が多数ありました。しかし，最初考えた武蔵野市内の成人施設からの入会は予想以下でした。親の方にとっては，行政が関わっていない活動への不安感があったものと理解しています。

課題はたくさんありますが，やってみてわかったことはこのような活動に理解を示し応援してくれる人が大勢いるということです。寄付の額を見てもそのことはおのずからわかります。そして親から喜ばれるという事実です。それを負担が軽い形で実現したい。それがわたしたちの願いです。

［古野晋一郎］

学習課題

1 ガイドヘルプを利用した場合，障害をもつ人ができる活動について事例をあげて考えてみましょう。

2 あなたが住む地域にガイドヘルプ制度がありますか。なければ

どんな制度があればよいか保護者に聞いてみましょう。あればその制度で十分かどうか聞いてみましょう。

3 あなたがガイドヘルパーとして働く時，どんなことを注意すればよいか考えてみましょう。たとえば，障害の特徴，利用者の個性，仕事上の危険や安全確保，家族との連絡・報告，突然の病気などが考えられます。

> **参考文献**
>
> 知的障害者の訴訟手続上の権利保護に関する研究会『裁判における知的障害者の供述（研究報告）』知的障害者の訴訟手続上の権利保護に関する研究会・水戸知的障害者虐待事件民事弁護団・あさひ法律事務所，2001年
>
> 中野敏子ほか著『地域生活ハンドブック2：家族の暮らしと援助』全日本手をつなぐ育成会，1998年
>
> 藤村出ほか著『朝日福祉ガイドブック　自閉症の人たちへの援助システム：TEACCHを日本でいかすには』朝日新聞厚生文化事業団，1999年
>
> 横浜市自閉症児・者親の会（横浜やまびこ会）編著『自閉症児の人たちのらいふステージ』ぶどう社，1997年

Ⅱ　地域生活支援の活動について学ぶ

第6章

ショートステイ
──「なごみの家」の活動について

　この章では，障害をもつ人たちが，地域生活を安心して送るためにぜひとも必要な「福祉の救急対応サービス」であるショートステイについて理解を深めることにします。どのような時にサービスを利用するのかを具体的に解説し，制度的な理解を深めることにしましょう。ここでは，東京都武蔵野市において行われているショートステイ事業「なごみの家」の活動を通して考えてみましょう。

1　ショートステイ利用のようす

　「なごみの家」のスタッフが，今年4歳になる障害児のA君を迎えに幼稚園に行きます。幼稚園ではA君が園庭で遊んでいました。わたしたちは，迎えに来たことを先生に伝え，本人と一緒に幼稚園を後にします。なごみの家に来ると，もう彼は慣れたものでビデオを見たり，スタッフとボールを使って遊びます。2時間して，お兄さんの小学校の父母会に参加してきたお母さんが迎えにきました。

　通所施設に日中通っている知的障害をもつB君のお母さんから，朝，電話がありました。九州にいる親せきの方が入院していて昨夜，病気が急変したため，今日，ご両親が飛行機でお見舞いに行くことになりました。帰宅するのが，夜9時30分頃になるので，10時までタイムステイをお願いしたいとのことでした。家族から説明を受けてB君は納得し，通所施設が終わってからなごみの家に送迎車に乗ってやってきました。急のことでしたが，すでに何回も利用しているので，夕食を食べてテレビを見たりしてから，夜の10時に帰宅しました。

　在宅で両親と家族3人で生活している27歳のCさんは，月に数回定期

的に利用しています。彼女は入院生活の後，長いこと在宅で車椅子の生活を送っています。障害が重いことや，気管切開をしていて日に何回も痰の吸入が必要なことから，通所施設には通っていませんでした。なごみの家のショートステイでは，必要に応じて看護婦が付きます。

（上の事例ではプライバシーに配慮し個別の条件などの内容を変更しています。）

2　ショートステイとは

1　ショートステイという制度について

　障害者のショートステイは，もともとは緊急一時保護制度として始まりました。障害をもつ人を介護する母親が急病で倒れてしまった。親族の中で急にお葬式があったり，急に障害をもつ人への介護が難しくなった。そういった時に，障害者本人を一時的にあずかり介護するサービスとして始まりました。

　昭和51年には身体障害者に対して，また，昭和55年には知的障害者も含めた短期入所事業として全国的に制度化されました。その後，地方自治体が必要に応じて独自に制度化してきました。国としては「心身障害児（者）施設地域療育事業」の一つとして，主に入所施設などの居室の一つを緊急一時保護専用として利用してきました。在宅心身障害児（者）緊急保護事業と呼ばれ，平成3年からは名称が「心身障害児（者）短期入所事業」となりました。

　利用料金は食事などの実費以外はほとんど無料で使えるサービスでしたが，「緊急の場合にのみ」と利用の理由が限定されたり，自分の住む地域からは遠く離れた施設を利用しなければならないなど，いつでも気軽に利用するという制度ではなく，利用の件数はそれほど多くないもの

添付資料　ショートステイ施策に必要な要件

① 利用のしやすさ

1) 気軽に利用できる相談窓口の設置
現に通所している施設や専門の相談先が，丁寧に相談にのり，サービス利用までのスムーズな流れをつくる。
2) 必要な時に安心して利用できる申し込み手続き
事前の登録制度を採用し，体験宿泊等を通して準備をし，必要な時に安心して利用できるようにする。
3) 24時間，必要に応じてすぐに対応できる体制
特に緊急一時サービスの利用等，時間に制限が無く必要な時に即応できる体制。
4) 必要な期間利用できる柔軟さ
月単位での利用も可能な制度の充実をはかる。
5) 施設は市内に，必要に応じて送迎も行う
利便性・即応性・地域性，等の点から，宿泊施設は日常の生活圏内の市内に設け必要に応じて送迎も行なえる体制を確保する。

② 環　境

1) 落ち着いて利用できる独立した建物
宿泊施設の近隣関係等，周囲との関係を円滑に保ち，利用者が日常生活を大きく変えること無く落ち着いて宿泊できる，違和感を持ちにくい構造の施設。
将来的にはマンション・一戸建て・社会福祉施設内等の形態の異なる複数の施設を，目的や利用者の特性に応じて使い分ける必要がある。
2) 日中活動している場所とは異なる建物
利用者の不必要な混乱等を避ける意味からも，宿泊目的に準備された専用の建物を利用する。
3) 利用する者総てに配慮した空間づくり
バリアフリー構造や介助面での構造的・設備的充実等の配慮を盛り込む。

③ 生活のしやすさ

1) 利用者個人の日常生活の尊重原則
ショートステイ先から学校や施設等へ通所できるようにし，利用者の日常生活を尊重する原則を具現化する。
2) プライバシーの尊重

利用者個人のプライバシーが尊重可能な個室化を含め，用途に応じた部屋を設置したり，複数の利用者が宿泊可能な部屋数を用意する。
3）同性介助の原則
複数の利用を想定し，常に男女のスタッフを利用者の介助度に応じて確保する。

④ 信頼できるスタッフ

1）専任コーディネーターの配置
2）専門職等からなるニードを調整するチームの設置
3）安定したスタッフ確保のシステムづくり
ケアスタッフは専任スタッフと登録スタッフに分け，専任スタッフを中心にスタッフ育成のシステムを作る。人材派遣の企業や団体等とのネットワークづくりもすすめる。
4）専門職との協働体制
栄養管理が必要な場合や，医療的ケアが求められている場合等に対応できる専門職との協働体制づくり。

⑤ その他

1）スタッフ育成・研修事業の実施
サービスの質的な向上を目的とし，コーディネイターや調整チームが主体となって，積極的にスタッフの育成や研修を実施する。
2）地域生活支援の原則
利用目的を限定することなく，地域生活支援という視点から利用目的は問わない。
3）安定した財源の確保
行政との連携や補助制度の活用，自主財源の確保等を通して，安定した運営に努める。
4）適切な利用者負担
事業全体の予算を明確にし，適切な利用者負担の基準づくりをすすめる。また，必要によっては経済的な援助システムも検討する。
5）評価及び点検システム体制
事業の適切な運営をはかり，地域生活支援システム化を目標に評価及び点検システムの体制づくりをすすめる。

参考資料：武蔵野市心身障害者緊急一時保護施設の研究報告書「ショートステイ等のあり方について」(H11.2.31)より抜粋／社会福祉法人武蔵野

でした。

　この頃には，欧米の実践をもとに，家族の介護疲れからの回復を目的とした「レスパイト（休息）サービス」を求める運動が盛んになりました。現在では，緊急一時・レスパイトなど，さまざまな利用のニーズをまとめた言葉としてショートステイという言葉として使われています。

2　東京・武蔵野市の場合はどうでしょうか

　武蔵野市の場合，市がつくった「障害者福祉センター」にある1室を使って1981年より緊急一時保護制度を実施してきました。

・ショートステイ事業への移行

　発足当初，当時としては市の公立の施設が責任をもって地域の中に緊急一時保護サービスを行うということで先進的な試みであると評価されました。しかし，①介護人が障害者に慣れていない，②市の直営のため受け付け時間に制限がある（たとえば緊急の場合でも土日は申し込みができない），③緊急時のみの利用ということで気軽に利用しにくい，などの理由から，年間の利用件数はきわめて少ない状況でした。こうしたことへの反省と関係者による話し合いの結果，まったく新しいサービスとしてショートステイ事業が始まりました。

・なごみの家の成立

　1999年4月市民より市に寄贈された民家を改修して，単独の障害者専用ショートステイ施設が開設しました。また，2000年4月には，バリアフリー構造で必要に応じて看護師を付けて医療的なケアも行う障害者専用ショートステイ施設「なごみの家」が開設スタートしました。

3 「なごみの家」の援助活動の基本

援助の基本原則

　添付資料の「ショートステイ施策に必要な要件」に示されているように，「なごみの家」では，ショートステイ事業の今までの反省をふまえて次のような原則を守っています。

　○24時間365日，いつでも緊急のニーズに対応できるようにしている。
　○利用を受け付ける際に，理由を問わない。
　○利用者がここちよく過ごせるように，家庭的な環境を用意し，本人の生活のリズム，好みをなるべく尊重し，スタッフができるだけ個別的な対応をする。
　○本人を含めた家族の危機状況に立ち会うこともあり，他サービスのコーディネートや情報提供などの相談にも柔軟に応じる。

サービスの実績と傾向（図2-6-1，図2-6-2参照。2000年度の実績）

　○1年間で，8727.25時間（1日平均すると23.9時間）の利用がありました。
　○半数以上の方が1〜3回の利用ですが，他方，10回以上利用されている方も多く見られます。このことは，年数回の緊急時，あるいは特別な時期の利用以外に，日常的，あるいは定期的に利用したいというニーズも多くあることをものがたっています。
　○ショートステイが求められる理由としては次のような点があげられます。
　　①介護家族のレスパイト（休養）
　　②家族の介護のかわり（緊急時の対応，日中の通所施設やヘルパーの対応できない夜間や休日時の介護など）
　　③通所施設など他の福祉サービスが受けられにくい重度障害者に

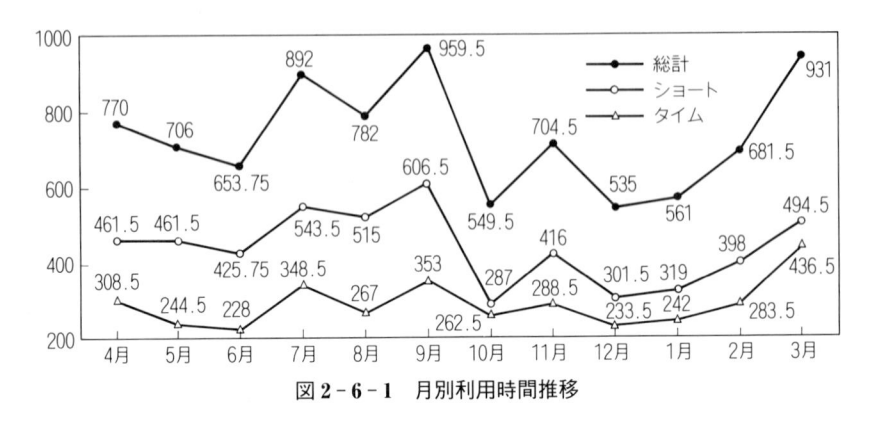

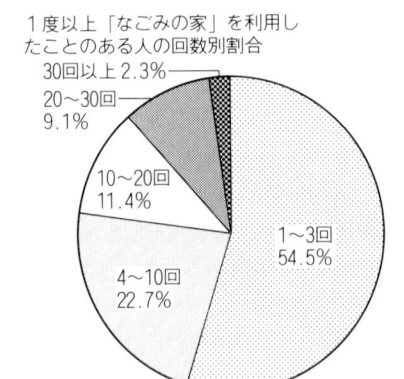

Ⅱ 地域生活支援の活動について学ぶ

図2-6-1　月別利用時間推移

図2-6-2　利用回数別割合

1度以上「なごみの家」を利用したことのある人の回数別割合
- 30回以上 2.3%
- 20〜30回 9.1%
- 10〜20回 11.4%
- 4〜10回 22.7%
- 1〜3回 54.5%

とってのデイケア的役割。

④障害者の生活圏の広がり（家庭と通所施設以外の第3の場所）

4　ショートステイサービスの今後の課題

1　障害者の地域生活を支える「119番」としてのショートステイ

ショートステイの事業は，いわば，障害者の地域生活における「福祉の救急ケアサービス」と呼ぶこともできます。「今日，介護者が倒れ

た！ どうしよう？」「急に親族の冠婚葬祭ができた。どうしよう！」といった緊急事態にいつでも応えます。また，それは既存の制度内の福祉サービスでは対応できない，いわば制度の谷間におかれた障害者へのニーズに柔軟に応えるサービスです

「学校（または通所施設）が終わったあと，夜8時まで介護者がいない。どうしよう？」

「通所施設に通わない日に介護者が必要になった。どうしよう？」

こういった，今，現に行われている福祉サービスの限度を超えたニーズに対応するのが柔軟な「預かり介護」サービスです。こういったサービスは，地域生活を送る上でなくてはならないサービスです。しかし，予算や体制上の都合から答えたくても答えられない制限があるのも実情です。

2 利用者の具体的なニーズに応える「しくみ」づくり

こういった要望に応えるショートステイサービスの活動を通して，障害者が地域で暮らすための支援の「しくみ」を作るための新たな課題が見えてきます。緊急時の対応はショートステイの利用のみで解決しません。それはそれでとても重要だけれども，一時的な解決にすぎないのも事実です。

ショートステイサービスを行いながら，利用者や家族の悩みごとの相談に乗ったり，通所施設やヘルパーなど他のサービスとの連携を図ったり，福祉事務所のケースワーカーと連絡を取り合ったりと支援のネットワークを形作ることなども重要な「しごと」となります。そうしたネットワークを作りながら，長期的な視野にたったケアの輪を作っていくことが必要になります。

こうした過程は，いわゆる，「ケアマネジメント」と呼ばれる手法と密接に結びついています。ケアマネジメントとは，本人の意志をもとに

して，いろいろなサービスを組み合わせ，本人の生活を支援するための総合的なサービスの体制（＝ケアの輪）とサービスの計画をつくっていく過程をいいます。

こういったケアの輪をつくる過程のなかで，今の制度の限界や欠点が具体的に明らかになります。それを踏まえて，新たな福祉サービスの開拓，提案とった活動へとつなげていく，そういった活動が私たちの大きな役割となるのです。

[後藤明宏]

学習課題	1　「ショートステイ」が他の福祉サービスと比べて異なる特徴や意義があるとしたら何でしょうか。 2　「ショートステイ」の中でも，利用しやすいものと利用しにくいものとがあります。利用者にとって利用しやすいポイントとは何でしょうか。他の福祉サービスにも当てはめて考えてみてください。
参考文献	全国地域生活支援ネットワーク『全国地域生活支援サービスガイドブック』糸賀一雄記念財団，2000年 北海道立太陽の園伊達市通勤センター旭寮編『施設を出て町に暮らす』ぶどう社，1993年

Ⅱ 地域生活支援の活動について学ぶ

第7章
地域生活援助センター
―― 「びーと」での相談活動について

　わたしたちは日常生活の中で生じるさまざまなストレスや悩みを，どのように解消しているでしょうか。悩みごとの内容はそれぞれに違いますが，いずれの悩みにもそのキーワードとして，家族，友人，恋人，上司といった「人間関係」が見え隠れしています。しかし，この問題を解決してくれる一番のキーワードもまた「人間関係」そのものであります。地域生活援助センター「びーと」では，障害のある人たちが社会生活を営むなかで抱えるさまざまな悩みについて，人間的な関わりを通して解決することを目的とした相談機関です。相談日は生活に途切れることがないのと同様に，毎日電話や来所という形で受け付けています。

1　　地域生活援助センターの活動

1　「びーと」を訪れる人びと

　「びーと」を訪れる人の約8割は，知的な障害があるご本人です。その内容は，職場や友人との人間関係や生活についての不安などさまざまです。知的な障害がある人のなかには，悩みごとや困っていることを率直に表現できず，自分の思いが遂げられないいら立ちや複雑な人間関係からのストレスなど，もやもやした気持ちばかりが先行して，その原因や解決方法が皆目見当もつかないといったケースも多くあります。このように自分の相談内容を明確に表現できない人たちが実に多いのです。

2　本質への手がかり

　相談内容の本質をつかむためには，日頃から相談者（援助の対象とな

る本人）との関わりがどれだけ深められているかが鍵を握ります。その関係の深さで相談者の微妙な感情のニュアンスや，危険信号の察知が可能となり，悩み事の本質や具体的な支援の手かがりが見えてくるのです。

「びーと」では相談活動だけでなく，グループによるレクリエーション活動を取り入れることで，私たち援助者と相談者との信頼関係を育み，相談者のニーズや状況の察知，問題の把握，整理に役立てています。まずは気軽に話のできる関係を作ることが，あらゆる問題解決への第一歩と考えています。

レクリエーション活動を行っているのは，まさにそのリラックスできる環境こそが支援をしていく上での大きな情報源であり，悩みの本質に近づくことのできる場であるからです。

3　支援の後ろ盾

相談を受けてその問題の本質を探ることが第1のステップとすれば，解決に向けての具体的なアプローチを明確にすることが次のステップとなります。そして実際のヘルプコールに応えるための援助は，市役所の○○窓口に行けばすぐに解決するといったものではなく，その多くは関係機関などとの連携を必要とします。そして，それらをコーディネートしネットワークを作ることが実際の援助へと結びついていきます。

しかし，これらの一連の動きは，「びーと」やその他の専門機関の意向だけで動くものでなく，かならずそこに相談者の意思が確認されていなければなりません。私たち援助者が具体的な問題解決のために動くことができるのは，すべては「相談者の意思による依頼」という後ろ盾があればこそなのです。相談者と援助者との契約のようなものです。

4　これからの課題

相談者本人の意思に添った援助の実現が私たちのめざすものです。し

かし，人の意思というものは対応者によってその意図する方向に陥りやすいものです。それを回避するための科学的スケールが必要と思われますが，「びーと」ではいまだ用意できていません。意思確認が困難な人や，本人と家族，関係者等との意向が異なる人への支援のあり方などがこれからの課題です。

また，「びーと」には問題解決のための立ち入り調査や，事情をうかがうなどの権限がありません。さらに生活支援のためのヘルパーや弁護士，一時的に保護のできる設備等もないのです。すべては地域の関係機関や社会資源が頼りであり，そこでのネットワークがわたしたちの活動の生命線となっているのです。相談者の思いや意思を尊重しながら，その人が安心した生活を送ることができるように支援することを使命と考え，日々の活動を行っています。

2　具体的な相談事例

ここまで述べてきたわたしたちの考えを，具体的な形に示すとどのような援助になるのか，事例を通して紹介することにしましょう。

【事例1】　知的障害者本人の財産管理と借金返済，将来設計について

事例概要

知的障害のある人がサラリーマン金融から借金をしたり，クレジットカードなどを利用して不要な買い物をしてしまう。借金に対する本人の自覚や経済観念，先々の生活についての計画性も乏しく，依存的な面も多く見受けられるケース。

相　談　者　軽度知的障害者（男性）本人，60代前半。

家族状況

実父は本人が10歳の時に，母親は42歳の時にすでに他界していて，生

存しているのは実弟1人。実弟とも母親の財産をめぐっての裁判訴訟を契機に関係が途絶えている。本人は子どもの頃より児童の生活施設を利用し卒園後に就労するが長続きせず，清掃員や運送業を転々としながら母親の援助を受けていた。母親死亡後に遺産相続として本人名義のマンションを購入，単身生活が始まる。

相談内容

　8年程前から生活保護を受給し始めるが，本人の意思により途中から老齢年金に切り替える。しかし実態は年金から医療費や保険料，税金等を差し引くと保護費よりも生活費が低くなってしまうという状況で，厳しい生活状態に変わりはなかった。このような状況のなかで単身生活の孤独を紛らす唯一の手段を電話に求めていった。広告で知ったダイヤルＱ２や伝言ダイヤルにはまったり，気がついた時は70万円近くの負債を抱え身動きできず，見知らぬ男性から返済の催促があって夜も眠れないというのが主訴である。

対応概要

　来館による窓口相談や電話相談に加え，専門的な見解や事例などについては他の専門機関にも問い合わせた。
　　①通話料支払い会社に金額の照会をした。
　　②請求書が届いていない業者に明細の入った請求書を要求した。
　　③消費者ルームに事例の照会と助言を求めた。
　　④市の法律相談で弁護士に法的な対応策について助言を求めた。
　　⑤今後の返済方法についての案をまとめた。
　以上の経過をたどりながら次の事柄が明らかになった。
　　○請求書が届かずその明細が不明確なものの請求については支払う必要がない。
　　○こちらの住所や電話番号などを知らせると，自宅まで取り立てにくることもあるので注意すること。

○実際に訪問を受けて被害を被ると言った事実がないと，警察は対応できない。
○改めて生活保護の受給申請をするには，まず年金を担保に生活資金の貸付を利用し，借金を返済した後に申請する。

解　説

　実際に脅されるような電話が数回あり，本人としては沈黙を守れず自分の住所を通知してしまった。その後，夜中にドアをたたく音がしたり，ドアの鍵をこじ開ける気配があったとの訴えもあって警察に通報している。この状態から抜け出すため，本人は相手先と直接電話で返済についての約束をし，年金の中から返済額や期間までも取り決めてしまった。しかし，食費さえ事欠く状況のなか，返済に充てる費用はなく，結局本人との相談の上，公的機関から年金を担保にお金を借りて返済に充てることになった。借入金のほとんどが返済金に充てられ，その後の生活費は生活保護を申請，住まいは高齢者施設への入居手続きをして来訪者からの恐怖感を取り除いた。今後については空家となった自宅マンションの売却手続きと，同じことを繰返さないための金銭管理が，課題となっている。

【事例２】　軽度知的障害者の年金受給について

事例概要

　軽度の知的障害がある人のなかには，学校卒業後に一般企業に就労するケースも少なくない。しかし，その実情はパートタイマーや準社員といった不安定な雇用形態である場合がほとんどで，給料も十分な額ではない。したがって単身生活や結婚の希望など，断念しなければならない状況が多くある。

相 談 者　軽度知的障害者（男性）本人，40代前半。

家族状況

　実父母と同居中だが両親とも高齢で，本人への細やかな援助は望めない。また，両親は行政機関等との関わりに否定的で，援助者が関係をもつことがむずかしい。本人は4人きょうだいの長男で，他のきょうだいは結婚を機に別居している。また，幼少の頃からきょうだい仲は悪く援助は望めない。

相談内容

　将来は家を出てひとり暮らしをするか結婚をしたいと考えている。しかし，今の収入ではとてもむずかしいので障害基礎年金の申請のため，市役所の窓口を訪ねたが，障害の程度が軽度で一般企業に就労している人は受けられないと断られた。結婚やひとり暮らしはあきらめなければならないものか。

対応概要

　本人と市役所に同行し，本人の意思と希望を整理して窓口担当者に伝えた。審査により年金が受給できるかどうかはわからないと念を押されたが，とにかく申請だけでもしたいと訴えて書類を受け取ることができた。申請書は家族が記入するのが原則のようだが，本人の場合，家族援助が得られないため，事情を担当者に話し，「びーと」で代筆をした。

　周囲も本人もあきらめていた年金受給であったが数か月後，受給決定通知書が届いた。40歳を過ぎるまで受給は困難と窓口や関係者からいわれつづけ，ひとり暮らしや結婚生活をあきらめかけていたのは何であったのか。喜びとともにこれまでの空白の時間への憤りと，年金に関する間違ったとらえ方が浮き彫りになった。

解　　説

　障害の状態だけでなく，過去の経歴や学歴等で職業選択の幅が狭められたり，安定した雇用契約を結べないなどの例は後を絶たない。実際に一般企業に就労しているといっても月給10万円を切る額の人がほとんど

である。この収入では自分が思い描くような生活など送れるわけがない。障害の程度や企業就労しているか否かを問うのでなく，その人が今，どのような状況にあり，何を希望しているのかという点に目を向けることと，関係機関も年金に関する誤った知識を是正するべきであろう。

【事例3】 職業採用試験におけるハンディキャップについて

事例概要

　知的な障害のある人のなかには，自分の希望する職種について意思表示する人も少なくない。経済的な裏付けや実際の業務内容に耐えうるかは別として，憧れとしてでも職業を選ぶ権利はある。しかし，多くの障害者の場合，採用試験にトライすることすら実現できないのが事実であるし，他の障害と比べても知的障害の場合試験を受ける環境が整っていない。

相 談 者　軽度知的障害者（女性）本人，20代後半。

家族状況

　両親の離婚後，本人は母方に引き取られ2人暮らし。妹が1人いるが結婚後に別居している。家族関係は良好だが，病弱の母の面倒と，経済的な支援を本人が担っている。

相談内容

　養護学校卒業後，進路担当の先生に言われるまま清掃の仕事をした。しかし本人の希望は銀行員のような制服に憧れ，そのような服を着ての仕事に就きたいと思っていた。また子どもが好きなので保育園での仕事も希望したが養護学校卒業という履歴が邪魔をして，思うような仕事に就くことができなかった。現在は郵便局の下請け作業をしているが，安定した仕事に転職したいと考え，市役所の採用試験を受けようと思っている。しかし，問題にふりがなが振っていないと漢字が読めないことや，設問の内容がむずかしい場合に誰かに聞くことができるように，試験中

の付き添いを希望している。

対応概要

　採用試験の担当窓口に直接電話をかけ，率直に尋ねてみた。即答ではなく時間がほしいとのことで，とりあえずは検討をしていただくことになる。しかし，数日後に届いた回答は，「NO」。援助者なしで試験に臨むことになった。結局不採用となり，現在は喫茶店でウエイトレスをして働いているが，本人はあきらめたわけではなく，またトライをしたいと思っている。

解　説

　かなりむずかしい問題も多く含んでいると思うが，視覚障害者や聴力障害者が受験する際に環境の配慮があるように，知的障害者についても何らかの配慮があってもよいのではないでしょうか。本人の自己選択権が叫ばれる昨今，選ぶことができてもアクセスすることすらできない状況では意味がない。職業という生きることに直結するこの分野においても，自由に自分の意志を表現し，また挑戦できるような環境整備が望ましいと考える。

3　安心という名の援助

　以上，3つの事例を通して「びーと」の相談活動について考えてみました。今回は知的な障害がある人たちの事例でしたが，いずれも相談機関や近くに援助者がいない場合には埋もれてしまいそうな事例ばかりです。しかし，埋もれるだけですむのならよいのですが，【事例1】のように気づいた時には大きな問題となっていて，安全面や生命までをも脅かす事態に発展してしまうことも珍しくありません。日常生活のなかで見失いがちな小さな出来事も，本人にとっては人生を左右する大きな問題になる場合があります。

相談者のすべてを知る必要はありませんが，身近に良き理解者がいて，ささいな悩みも話せるような関係性がもてるようになれば，もっと生活のしやすい社会になるのかもしれません。私たち援助者は具体的なヘルプコールへの対応もさることながら，「安心」という目には見えない援助も忘れてはならないと思うのです。

[武藤政幸]

学習課題

日常生活のなかで発生する悩み事の多くに，家族や友人，恋人，上司との「人間関係」の問題が見られます。特に知的な障害をもつ人にとっては，この人間関係を良好に保つことがあらゆる問題の解決に直結します。そこで，「人間関係」について考えてみましょう。

1 自分を基点とした人間関係相関図を描いてみましょう。

2 自分の生活の中で，それぞれの関係がどんな役割を果たしているのか考えてみましょう。

3 それぞれの関係が途絶えてしまった時，自分がどんな状況に陥り，またその代替をどこに求めればよいのかについて考えてみましょう。

II 地域生活支援の活動について学ぶ

第8章

苦情解決システム
―― 自己決定を支えるしくみとして

　社会福祉分野の苦情解決システムは、オンブズマン制度のような行政監視的役割というよりも、利用者の権利擁護や自己決定の援助に重点が置かれます。これまで知的障害分野では、本人が判断能力を欠くと考えられ、保護的な対応を重視し、公的機関や施設職員の意向が優先されがちでした。そうした状況においては、発言力が弱い利用者のために苦情を明らかにしたり、職員の保護的な対応の行き過ぎを防ぐことが求められます。ここでは、権利侵害を生じさせた事例について紹介し、こうした事態を未然に防ぐための権利擁護や苦情解決のあり方について考えてみることにしましよう。

1　権利侵害の実態

　施設職員による、暴力や虐待が問題になった事例として、「白河事件」があります。白河事件とは、1998年、福島県にあった知的障害者施設「白河育成園」で明るみに出たものであり、この事件には暴力の肯定、薬物濫用、保護者への寄付金強要という3つの問題が含まれています。
　利用者への暴力の問題として、施設の創設者は「暴力」を肯定する障害者観を明らかにしています。それは、知的障害者を「言葉が通じない」、「善悪の判断がつかない」あるいは、「一生子ども」である存在と考えていました。そうした障害者観は、知的障害者に対して「体で覚えさせる（暴力）」「いってわからなければ、たたけばいいのだ」という対応を日常化させることになりました。
　薬物の濫用とは、利用者を管理するために大量の睡眠剤や安定剤を医師の処方もなく投与し続けたことです。利用者はそうした薬物濫用の結

果，夜尿をするようになり，おむつをして寝かせられるという副作用を受けている状態にありました。

　寄付金の強要とは，保護者から1人当たり800万円を徴収し，施設側が「一生面倒を見てやる」といい，寄付に協力できない保護者の「子ども」は退所させるという脅迫もしていました。これは，家族の弱みにつけこんだ行為です。

　また，早寝早起きや長時間睡眠の強制が問題になりました（1997年）。さらに，女性利用者からは，同園理事長から性的な虐待を受けたとの被害届も出ました。こうした問題に対処するために，被害者の弁護団が結成され，理事長と一部の職員が刑事告発されました。しかし，暴行があったという事実を認めながらも，日時や場所の特定が不充分であり，証言には信用できない部分があるという理由で不起訴になりました。この事件でも犯罪被害者である知的障害者の証言能力が大きな壁となったのです。

　白河事件に見られるように，わが国の施設現場において，訓練や指導型の対応が重視される背景には，「現実の社会は厳しいので，それに耐えられるように訓練しなければならない」という考えがあります。これは，知的障害者に責任能力がないため，保護的な対応が好ましいという考えに起因しています。これまで訓練や指導として行われてきたことが，権利意識の変化により，人権侵害や虐待としての行為に該当すると考えられるようになったのです。

　人権の侵害は，施設の閉鎖性，あるいは，職員のストレスや力量の問題と切り離せない面があります。たとえば，入所施設のような閉鎖された場で，職員の仕事がマンネリ化したり，ストレスが蓄積されてしまう，あるいは，専門性に欠ける職員が対処困難な問題を抱えた利用者に接すると，どうしても体罰に頼ってしまうことになります。

　白河育成園は，東京都の知的障害者が入所する都外施設（2001年現在，

約50か所の施設が東京都以外の県に設置されている）として，国の措置費に加算して，東京都が補助金を出してきました。東京都は，1980年頃から千葉，山梨などの近県，東北地方（福島，山形，秋田，青森など）に，都民である知的障害者を入所させる都外施設を増設し続けてきました。これには，施設を建てるための土地買収が困難であるという問題や，施設建設反対運動などをが背景にありました。しかし，知的障害者が地域で生活する仕組みの開発を行わず，都外施設の増設という安易な対策を取り続けた行政側にも責任があります。

　そうした事件を繰り返さないために，東京都では，「知的障害児・者施設処遇のあり方検討委員会」を発足させ，利用者の人権擁護のために施設オンブズマン制度を導入しました。この事件では「知的障害者」本人の意思表示（権利主張）を社会や裁判所に認めさせるのが困難であったことが明らかになりました。また，権利侵害の事実を家族とともに訴えているにもかかわらず，行政関係者がそれを真摯に受け止めていなかったことがあげられます。

2　福祉オンブズマン制度

　オンブズマン・オンブズパーソン（ombudsman/ombudsperson）とは，市民を代表して，公務員や公的な機関による職員の権力濫用を監視する仕組みをいいます。これは，市民の側に立って，公務員や公的な機関への不満を聞き取り，苦情を解決したり，市民を擁護することを目的にします。

　1809年にスウェーデンにおいて導入された議会オンブズマンが起源になりますが，今日では北欧をはじめ，イギリス，アメリカなどの国でも採用されています。福祉国家では，行政の肥大化をもたらし，公務員や公的な機関の権限が拡大し，その濫用の可能性が問題になっています。

これに伴い，市民の側に立った代理人として，問題解決を行う機関が必要になります。

社会福祉施設などの公的な機関で働く職員の行動が利用者への重大な人権侵害に結びつく場合があります。福祉オンブズマンは，そうした職員の行動に対する利用者や家族の苦情を調査し，市民の側に立った権利擁護や苦情解決を行う人をいいます。わが国では，東京都の中野区，世田谷区，太田区，あるいは横浜市などが福祉オンブズマンあるいは，同様の役割を果たす制度を設置しています。活動内容には，苦情の受け付け，苦情に関する調査，行政に対する制度改善のための意見提出などがあげられます。

最近では，民間社会福祉施設に独立した苦情処理機関を設置したり，福祉施設が共同で苦情解決を行う動きが広がっています。こうしたシステムは，「施設型オンブズマン」と呼ばれています。

それでは，施設型オンブズマンとして，どのような支援があれば，本人の意思表示が権利として認められるようになるでしょうか。利用者の意思表示を重視した権利擁護の取り組みとして，「湘南ふくしネットワーク」の活動が注目されています。オンブズマンの大切な役割は，「よい施設をつくる」のではなく，障害をもつ人自身の意思や，ニーズを把握（可能な限り聞き取る）して，そうした利用者の苦情を施設や地域社会に伝えることです。このような苦情の把握と解決が，利用者の自己決定の援助に結びつくのです。

湘南ふくしネットワークは，神奈川県茅ヶ崎市，藤沢市の地域を対象にして，知的障害者，身体障害者，高齢者を対象とする福祉施設（入所・通所）利用者の権利擁護を行うことを目的に設置（1997年）されました。16の加盟施設に2～3人のオンブズマンを決め，月1回担当者が訪問しています。職員会議や利用者自治会，家族会への出席，行事に参加して利用者から相談を受け，必要に応じて調査や改善が進められてい

ます。

3　苦情解決システム構築の課題

　苦情解決制度は，2000年の法改正により，社会福祉法に新しく登場したシステムです。この法律は，すべての社会福祉事業経営者は利用者からの苦情に対して適切な解決を行う義務があることを明らかにしました（社会福祉法第82条）。苦情解決の具体的な方法として，第三者を交えての解決が望ましいとしています。このシステムは，利用者や家族の苦情を職員だけの問題とせず，客観的な解決の方法を示し，利用者の満足感を高め，虐待防止や権利擁護，自己決定を支援することを目的にしています。

　施設が自主的にこのシステムを設置する場合，苦情解決責任者，苦情受け付け担当者，第三者委員を選任します。苦情解決責任者は，施設長や理事などが担当し，受け付け担当者は，職員のなかから任命されることになっています。第三者委員には，社会福祉士，民生委員，児童委員，大学教授，弁護士などがあげられています（「社会福祉事業の経営者による福祉サービスに関する苦情解決の仕組みの方針」：平成12年）。

　苦情の内容として，利用者の愚痴と思えるようなものも多くなることが予想されます。「苦情」「愚痴」「相談」をどのように区別するかが，質の高い苦情解決活動には大切な課題です。苦情解決制度を利用者に徹底させる仕組みを工夫して，日常的に住民のボランティア参加を促進させたり，本人に分かりやすいパンフレットなどを用いて，第三者委員の名簿を公開することが考えられます。

　苦情解決の第1段階は，図2-8-1の「苦情解決システムの流れ」で示したように，本人が日常活動のなかで感じている不満などを職員や第三者委員に対する意思表示を援助することです。本人によって表現され

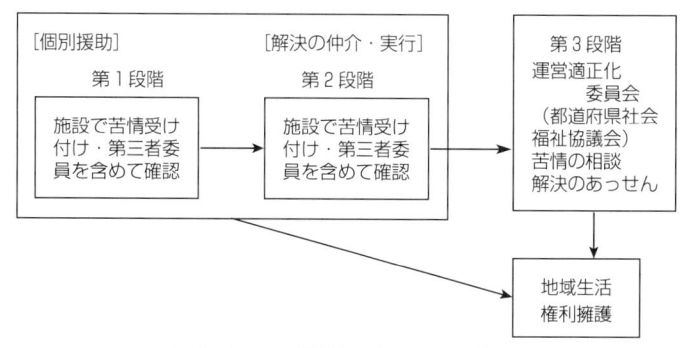

```
[個別援助]        [解決の仲介・実行]        第3段階
  第1段階           第2段階              運営適正化
┌─────────┐     ┌─────────┐            委員会
│施設で苦情受け│ →  │施設で苦情受け│ →      (都道府県社会
│付け・第三者委│    │付け・第三者委│        福祉協議会)
│員を含めて確認│    │員を含めて確認│        苦情の相談
└─────────┘     └─────────┘            解決のあっせん
                                        ↓
                        →      →      地域生活
                                        権利擁護
```

図2-8-1　苦情解決システムの流れ

た苦情（意見）を受け付け，第三者委員を含めて内容の確認が行われます。

　利用者の不満や苦情を生じさせるものとして，「職員との関係により生じること」と，「施設環境により生じること」あるいは，「施設外のことが原因で生じること」の3つが考えられます。こうした不満について，本人の意思を把握するのは，家族や施設関係者により多様な形で行われていますが，両者には立場の違いがあることに注意する必要があります。

　第2段階では，本人と職員とのやり取りで苦情の解決ができない時，第三者を交えて本人と家族の意思を把握して解決をしていく活動へ移行します。苦情解決委員会で受け付け，内容の確認や話し合いにより解決を図るための活動が行われます。ここで話し合われたことが実行されているかを確認し，問題が放置されている場合，施設の管理運営責任者との話し合いを行います。地域住民がボランティアとして第三者委員を行っている場合，客観的に観察できるが，経験がないと他の施設と比較できないので，現状がいいのか悪いのか判断できないことがあります。

　第3段階は，施設内の苦情解決では限界があり，施設内に設置した苦情解決システムでの調整が不調に終わった場合，都道府県レベルで設置される運営適正化委員会（社会福祉法83条）による相談，調査，斡旋が行われます。また，運営適正化委員会は，地域福祉権利擁護事業（法令

上は「福祉サービス利用援助事業」）との関連でも重要な役割を担うことになっています。

　知的障害者の場合も，自分で権利擁護を実現していくことを原則にしますが，第三者を含めた権利擁護として，この自分で行う権利擁護の実現を可能にする社会的な環境を充実させることがあげられます。

　利用者の自己決定を支援するために，自分が利用できるサービスに関する情報提供が十分行われている必要があります。施設内部の情報はもとより，苦情を解決するシステムについても，わかりやすく伝えられていなければなりません。

　日本人は自己主張が苦手であるといわれていますが，これは生育環境から大きく影響されます。知的障害者が長い間入所施設で生活していて，「権利主張の意欲が湧かない」とか，「具体的な権利主張のイメージができない」という状況に置かれる場合もあります。そうした場合，本人が権利を主張するための「支援」が必要です。本人が主体になるには，家庭や学校教育において，子どもの頃から自己主張や権利主張の習慣が身についていなければなりません。生涯をとおして，知的障害者の意見表明，自己決定の支援を最大限に高めていくということが苦情解決システムの基本的なスタンスです。

[高橋幸三郎]

学習課題

1　白河事件がなぜ起きたのか，その原因について話し合ってみましょう。そして，人権侵害を生じさせてしまう行政組織や社会福祉施設の特性を考えてみましょう。

2　あなたが施設見学をした際，その施設の「良し悪し」を判断することがらは何でしょうか。お互いの評価基準を自由に出し合ってみましょう。

参考文献

大曽根寛『成年後見と社会福祉法制』法律文化社，2000年

沖倉智美「施設利用者の苦情解決に関する実践的考察」『社会福祉士』第8号　日本社会福祉士会，2001年，pp. 131-140.

厚生省大臣官房保健福祉部障害福祉課監修『知的障害者の人権を守るために』中央法規出版，1999年

副島洋明『知的障害者　奪われた人権』明石書店，2000年

平田厚『利用者の権利擁護と苦情解決の意義』東京都社会福祉協議会，2000年

読書コーナー①

『障害をもつ子のいる暮らし』

毛利子来著
筑摩書房，1995年

　この本は，障害をもつ子どもの育児書です。しかし，障害をもつ子に対する治療や育て方の方法ではなく，障害をもつ子どもと共に生きていくという「暮らし」をつくることの大切さについて解説されたものです。

　1つの育て方が，どのような子どもにも当てはまることはないという前提に基づき，子どもとの暮らしのなかで付き合っていくことの大切さが強調されています。また，障害は，人間をどのように考えるかという社会の側にある認識基準により変化するとしています。

　さて，この本の内容は，「Ⅰ．障害を持つって，どんなこと〈受けとめ方編〉」「Ⅱ．障害を持つ子どもとどう暮らす？〈暮らし編〉」「Ⅲ．どんな病気？どんな障害〈医療編〉」の3部から構成されています。

　ⅠとⅡでは，障害をもつ子どもと共に暮らすという視点の大切さが解説されています。

　「発達」はあくまでも，大まかな筋道を示すものであり，子どもの一面にすぎないこと，多少個性の強い子どもとして体当たりで理解すること，思い込みも失敗もしながら時間をかけていくことが大切であること，発達を意識した訓練第一主義に基づき，「できる」ことのみを目指すと，結果的に「できない」ことを増やしてしまいます。さらに，双方を重視し過ぎると，子どもの家庭・地域生活の時間が奪われてしまうとしています。

　また，専門家は，長く付き合うので，障害に対する考え方，生き方など治療内容と直接関係のないことが大切であること。また，子どもの病名，専門家の利用法，予後や日常生活で注意すること，障害の原因など医師から納得のいく説明を受けることが大切であること。子どもの病気や障害について知識を得たり，情報を集めることは，子どもを理解して主体的な子育てをするには大切なことであるとしています。

　「家での育て方と親の生き方」として，親がわが子の障害を「恥ずかしい」と思ったり，「かわいそう」と思うのはやめるに限る。恥ずかしいと思えば，子どもを世間並みの生活から遠ざけ，かわいそうと思うから過保護になって子どもの生きる力をそいでしまう。「遊び」は子どもの好きなようにさせ，「しつけ」にはこだわらないことを勧めます。障害が社会的に生じている以上，障害児に行動を慎むよう強いるのではなく，迷惑をかけることに大胆であってよいと思います。また，差別に対しては，抗議をすべきだとしています。

　Ⅲでは，「病気」とか「障害」といった心臓病，先天性四肢障害，脳性マヒな

どの状態像がくわしく説明され、原因、診断、治療などの医学的な理解を平易に解説しています。また、さまざまな障害をもつ子どもの事例が紹介されていて、障害を理解するのにも参考になります。

読書コーナー②

『障害者ときょうだい
——日本・ドイツの比較研究を通して』

三原博光著
学苑社，2000年

この本では、「障害問題」のひとつとしてあげられる「きょうだいの問題」に焦点を当て、わが国とドイツでの調査に基づき比較的検討が行われています。障害者の親や、きょうだいがどのような状況に置かれているかを理解するのに役立てることができます。

知的障害領域でも多くの調査が親に集中していて、きょうだいも日常生活を支えていることを忘れられがちです。私の友人は学生時代に、障害をもつ妹の話をたくさん話してくれました。しかし、わたしたちも中年になり、そうしたことに触れることが少なくなりました。

さて、本書は、障害者のきょうだいの実態を明らかにするためにアンケート調査を行い、その報告と個別事例が紹介されています。わが国の障害者のきょうだいが抱える問題の特徴を明らかにするために、ドイツとの比較的検討が行われています。

ドイツでは、障害をもつ兄弟姉妹が入所施設で生活することもひとつの人生と考えており、自分たちの生活とは別々であると割り切って考える傾向にあるといいます。これに対して、わが国の場合、両親と同居、あるいは、近くに住みながら障害をもつ兄弟姉妹の世話をする傾向があります。この特徴は、ドイツの個人主義的な考えと、わが国の家族主義的な考えが根底にあるという相違によるとしています。

共通点として、両国のきょうだいは、社会福祉関係の職業を選ぶ人が多いということをあげています。これは、障害をもつ兄弟姉妹の存在が、彼らの職業選択に大きな影響を与えていると指摘されていますが、わたしたちは、障害をもつ兄弟姉妹の体験から学ばなければならないことがたくさんあります。

読書コーナー③

『父は吠える
――知的障害の息子と共に』

松友　了著
ぶどう社，1996年

　本書は障害児の父親として生きてきた思いを，「若き同行者（父親）へ」向けて発したメッセージとして構成されています。50歳になろうとしている時に人生を振り返り，知的障害をもつ息子さんの存在の大きさを改めて認識したとしています。

　松友さんは，てんかん運動（日本てんかん協会の活動）をリードしてきた人物として知られています。この運動への関わりは，息子さんの障害に対する誤った医療システムに対して，「親としてオトシマエ」をつけることが契機になっているとしています。

　息子さんは，父が22歳の時に生まれ，生後4か月から難治性の点頭てんかんを発症し，やがて知的発達障害が重複するようになります。そのことにともなう生活困難に対して，息子と（家族と）共に闘う日々が続くことになるのです。最初の困難は，生後8か月目から通い始めていた保育園で起こりました。虚弱で多動な息子さんは，特別な援助なしに保育することが困難になり，保育問題に対する運動が開始されました。

　就学の時は，障害児学級がよいといわれたのに，就学通知が来なくて息子さんが「ボク，どこの学校行くの」とさびしくいったり，入学しても，何の理由もないのに，ふつう学級よりも給食が遅い，授業時間が短かったことなどが語られています。中学校は，ただの暴力教室で，登校拒否を起こしたことなどが記されています。

　障害者問題への関わりは，すべて父親としての立場であり，中立的な立場ではなかったという。知的障害をもつ人の生活困難の特徴は，家族全体を巻き込むものであり，家族の支えが不可欠です。この本は，息子の人権を守る「番犬」として生きてきた父の人生が力強く語られています。

知的障害者施設滝乃川学園本館の全景（1927〔昭和2〕年竣工）
現在，知的障害歴史記念館として永久保存を願い，全国の支援者の力で修復事業を興し登録文化財として申請中。
（滝乃川学園石井記念文庫所蔵）

III

知的障害をもつ人の福祉の歩みについて学ぶ

Ⅲ 知的障害をもつ人の福祉の歩みについて学ぶ

第1章
知的障害者福祉施設創設者の生涯と思想（石井亮一・筆子）

　日本は明治時代になって，それまで鎖国によって遅れていた多くの分野でさまざまな近代化が開始されていきましたが，それは容易に取り組みやすく目立ちやすい分野が多く，近代の深い人権思想を必要とする分野は遅れたままでした。知的障害者福祉分野はそのひとつで，先覚者にとって近代化の壁がいかに厚かったかを知らねばなりません。ここでは，日本の近代において，知的障害をもつ人がどのようにみなされ，それに対しどのような取り組みが開始されたかを，日本の知的障害者の父と母といわれる，2人の先覚者の生涯を例にとって，学んでいってみたいと思います。

1　石井亮一の生涯（1867-1937年）

1　人生の出発

　石井亮一は，明治維新の1年前に，現在の佐賀市で生まれました。父は，長崎に勤務をしていましたが，鎖国の時代にあっても，西洋の事情にも通じた人でした。母は，子育てをとても楽しんでする人でした。佐賀藩はいち早く，幕末下の藩の政策に西洋の新しい知見をとり入れ，実行していました。

　石井もそういう時代の雰囲気のなかで育ち，中学の途中で国文学部から英文学部にかわります。彼は，秀才の誉れは高いものの，生まれつきからだが弱かったようです。養子先は医者の家でした。養親の助けで健康を快復した石井は，新興の県を盛り上げる応用化学を修めるため，故郷をあとにし，新しい日本の首都，東京にむかいました。中学卒業前の1884年のことでした。

ところが，志願した東京大学には，学力は十分あったにもかかわらず体格検査で不合格となり，やむを得ず応用化学のための英語を修めるために立教大学へと進むことにしました。この入学が，石井にとって大きな転機になりました。立教大学はミッションスクールで，若き日の石井は，大学創立者である宣教師から，封建思想と新時代の状況がぶつかるなかで，ひとはいかに生きるべきか，人生の最高の目的は何かについて，真剣に学びました。石井は近代思想の実行と信仰の"活きた模範"を彼に見出し，キリスト教を自己の生活基準として定め，大学在学中に受洗しました。

30歳の時の石井亮一

　しかし，卒業時の健康診断でも海外留学は無理でした。こうして彼は，使命をさらに模索します。新時代のなかで依然として遅れている女子の教育と人権のために生きようと決意を新たにして，立教女学校に奉職しました。1890年秋のことです。そして女子教育者として生涯を終えるはずでした。

2　知的障害教育への転機

　さて，1891年10月28日午前6時37分，愛知・岐阜地方に，奈良時代以来最大といわれる規模の濃尾大地震が起こり，数10万戸の家が倒壊し，万単位の人が死傷しました。孤児も何百人もうまれたのですが，そのなかの女児だけをだまして売春婦にしようとする"醜業者"が暗躍していることが石井の耳に入りました。

立教女学校で女性の人権を支えに教えていた石井は,「女子に性の貴さを知らさないで,何が女子教育だ」と思い,意を決して神に祈り求め,震災地にむかい,引き取り手のない女児21人を,東京に連れ帰り,荻野吟子医院の空き室に保護しました。こうして,生まれたのが聖三一孤女学院でした。

ところが,いくら教育しても,発達しない子がいました。どんなに手を尽くしても,一向に埒が明かないのです。太田徳代という名の女児です。ここで,とりつく島のない子として済ましてしまえばそれまででした。知的障害はまだ精神薄弱ともいわれず,精神医学者が白痴と呼んで,永久に治らない病気と定義していた時代です。知的障害者は人間以下とみなされてその人権は認められず,笑い者としてうとまれる存在にされていました。親・きょうだいは嫌がり,血縁にはないように願われていたのです。冠婚葬祭には隠され,近所からは避けられ,大日本帝国憲法は何の社会福祉条項も,基本的人権条項ももっていませんでした。

社会の人びとはあげて彼らの教育を,無価値とみました。石井は,彼ら一人ひとりの人権と教育の可能性を信じ,前人未踏のイバラの道を歩き始めます。石井は,キリスト者として,この世で見向きもされない,「無に等しい者」(新約聖書)を敢えて選ばれる神の助けを信じたからです。

3　事業への献身

石井は,孤女学院という事業を,今までの多くの孤児事業とちがい,神に依る教育事業であると考えました。すなわち,神のみに援助を祈り求め,他者からの支援は一切こばみました。しかし,石井の事業を『女学雑誌』は精力的かつ果敢に報道し,有名,無名の人びとから,さらには海外の人びとからも,月々数10名の孤女が餓死しないほどの支援がありました。今日のボランティアとしての,労働やお金や時間の奉仕です。

このなかには，立教女学校やフェリス女学校の女学生のほか，島崎藤村や勝海舟，また日本内外無数の教会の関係者や在日外国人などがいます。

　石井は，事業を始めて4年目，孤女事業よりもさらに困難な，先に述べた孤女で知的障害の子どもの教育に心をくだいていきます。ところが，教育方法を教えてくれる人は日本にはひとりもなく，読んで学べる日本語の専門書も一冊もないのです。彼は当時，知的障害児教育でもっとも進んでいたアメリカに渡りました。その2回とも国費援助の一切ない，私費での留学でした。

　これを契機に事業名を滝乃川学園にかえました。1897年の春です。それは，孤女に自分の身の上が孤女であることを自覚させるほど悲しいことはない，という理由でした。また同じく，この時から本格的にクラスを設置編成して知的障害教育を始めます。日本史上，初の試みでした。この実践においては，アメリカで開発された，セガンの生理学的教育法が力を発揮しました。周辺からは，小鹿島筆子，呉久美，大山捨松，津田梅子，近衛篤麿，穂積歌子，中村不折，木下尚江などが援助しました。

　石井は，環境にはとても鋭い配慮をする人でした。荻野吟子の医院が学園生に手狭になるや，北区滝野川に移し，そこも危険な軍需工場ができると再転居し，3番目の巣鴨も，関東大震災後人家が密集すると，教育環境としてはよくないと，あえて60歳を越えた身で，現在地である国立市谷保の高台，湧水，緑樹の好環境に全設備を移しました。ここに，われわれは，石井の知的障害をもつ人たちへの限りない愛をみなければならないと思います。

　石井は，1920（大正9）年の火災では，日本で最初であり，また実質的にも社会と国家からの評価が高まっていたにもかかわらず，責任をとって学園を閉じることを決意します。われわれは，ここに，事業の存続のみを自己目的化しない，石井の事業への真剣勝負を見てよいでしょう。

4 学問と信仰と啓蒙と

　石井がどんなに学園事業を学問的基礎の上に築こうとしていたかは，現在学園にある「石井記念文庫」を見ればよくわかります。石井の，最新科学を知的障害者の発達のための研究と実践とに役立てたいとの熱い思いがうかがえます。石井は，学園事業を学問と信仰の上に築こうとしたのです。石井は，宗教と科学の一致のみが，知的障害のある人の天国を地上に具現する唯一の道と信じ，努力しました。

　社会への訴え，啓蒙，啓発の機会も，滝乃川学園の存在が知られるほどに求められ，回数がふえていきました。1899（明治32）年の帝国教育会での実践報告をはじめとして，1907（明治40）年には内務省主催の講習会で「白痴教育談」と題して講演し，1917（大正6）年には，日本神経学会で「白痴教育」と題して，精神医学の泰斗・呉秀三と並んで報告し，知的障害教育のノーマライゼーションを啓発しました。

　また大正時代は，東京府が学園事業の専門性を認め，現在の児童相談所や更生相談所の機能にあるような研究所を，学園内に設置しました。昭和にはいって，1934（昭和9）年，現在の学園本館で日本精神薄弱者愛護協会が設立されました。〝愛護〟とは，この人たちは神の愛によって，かつこの仕事に意義を認める自覚者の連帯と実践と研究によって護られなければならないという意味です。これは，民間の知的障害児教育実践をしている人の研究機関として，日本では最初のものでした。この時は，10足らずの施設の研究者の集合体でしたが，現在は何千という機関の団体となり，20世紀末に名称も変えました。

　石井は，多くの後輩，他分野の人からも尊敬され，慕われ，惜しまれつつ，1937（昭和12）年，献身奮闘の生涯をおえました。

2　石井筆子の生涯（1861-1944年）

1　怒涛と新たな旅たち

　石井筆子は，社会が騒然としている幕末，今の長崎県の大村市で生まれました。父は倒幕側の志士であり，剣豪の叔父もそうでした。父も叔父も，何度も生命の危険にさらされつつ大活躍しました。筆子は，祖父母と母の下で育ちました。

　彼女は，12歳で上京して，日本で最初の女学校である竹橋女学校に入学しました。ここで，英語と世界の知識を外国人教師から学ぶことができました。その後，1877年，勝海舟の屋敷にあった英語塾に通いました。1879年，アメリカの前大統領が世界巡遊で来日された時，筆子は長崎で面会し，英語がとても流暢だったので，その聡明ぶりを誉められました。

　筆子は，翌1880年，明治皇后のご命令で，ヨーロッパに留学します。そのおかげで，フランス語とオランダ語を駆使できるようになっただけではなく，筆子は西欧の文明社会・人権思想・女性の社会での活躍を目の当たりにしました。異国の異文化におびえおじけることなく，カルチャーショックから解放されていたのは幸いでした。帰国後は，新設された上流階級の子ども向けの女学校に，フランス語の教師として招かれました。当時，フランス語は国際公用語としては英語よりもよく通用していた時代です。英語担当はアメリカ帰りの津田梅子でした。

　筆子は，キリスト教にふれる機会がたくさんあり，旧物一掃，新旧激突の時代にあって，この教えは世界の真理だと信じていました。洗礼は，1886年12月に，生まれた長女と一緒に，アメリカ聖公会の宣教師ウィリアムス主教から，立教大学校の礼拝堂で受けました。この時アメリカで受洗していた津田梅子（津田塾大学創設者）も同席して，共に喜び合い

19歳の時の石井筆子

ました。

　当時の日本は，幕末の不平等条約改正のために鹿鳴館を造り，外交を良くしようと試みた時代でしたが，ここでも筆子の洗練された国際感覚と引けを取らぬ語学力が用いられました。結婚は同じ藩の名望家の長男とでした。しかし，本人の意思を顧みず，まだものごころもつかぬ頃すでに本人の一生を決めてしまう，このいいなづけ制度には，筆子自身は反対でした。しかし，子どもと女性は無権利という，男尊女卑の時代にあって，どうにもなりませんでした。

2　活躍と試練

　彼女は，1884年の結婚後は，夫に仕え家庭を切り盛りしつつ，華族女学校で教え，ミッションスクールの静修女学校を経営し，都心の博愛教会の日曜学校でも教えるという日々でした。さらにそれでも筆子の女子教育への情熱はもの足りず，大日本婦人教育会という，女性の地位向上団体を東京において組織していきます。

　明治期において，依然として低い地位と狭い役割に耐えることを強いられる女性の人権の侵害は，フランス帰りの筆子にとっては，見るにしのびず聞くにたえず，いてもたってもいられないものでした。これらの活動には，聖書の神の教えが力になりました。日本は，明治の後期ですら，男性には姦通罪を認めず，しかも妻には相続権を認めないなど，男尊女卑の風潮が強く，法律そのものが男女の不平等を肯定していた時代でした。

こうした状況下で，筆子に授かった女児は，発達に障害を負っていました。筆子は，信仰によって神の御心(みこころ)をうかがうものの，周囲の目は冷ややかで，大きく抱いていた父と母の喜びと期待は打ち砕かれました。ここに，筆子にとって，この娘の教育，健康，成長後の幸福のための人生が新たな戦いの場に見えてきました。幼少から病弱だった夫は，いよいよ悪化して吐血しながらも公務を厳格に遂行していったのですが，ついに，1892年，35歳の若さで亡くなります。次女もその2年前，2歳たらずで亡くなっていました。8年間の結婚生活は，夫の看護と障害のある愛児の養育介護に忙殺され，社会的には上述のような活動で八面六臂の活躍を求められる毎日だったのです。

筆子は，1891年に創立された知的障害児教育機関の性格の強い，日本ではじめての学校，滝乃川学園を，いつしか知って興味と関心を注ぎ，なによりも園主である亮一の強い女子教育愛と高潔な人格に魅了されます。そして，わが子を家庭養護から社会的養護にゆだねる決断をしました。長女の入園は，1897年頃と思われます。この翌年には，3女も7歳で夭折します。この頃が，筆子の悲しみと苦悩の頂点でした。

しかし，意志の強い，またすべてを神にゆだねた筆子は，この試練のなかでも，1899年まで華族女学校での職責を果し，静修女学校の校長を務め，女子教育の進展に尽力します。1898年には，日本政府の派遣で，津田梅子とともに，日本の女子教育者を代表して，アメリカに，教育視察に出かけ，多くの進んだアメリカの社会福祉施設も見学します。そして，帰国後，華族女学校を辞め，静修女学校の土地と建物と生徒は女子英学塾の津田梅子に委ね，自らは石井亮一と結婚をして，滝乃川学園事業に全面的に自己を捧げることになります。時に1903（明治36）年，42歳の時でした。

3　われ弱くとも

　石井筆子は，滝乃川学園へ，創立者の妻として，女子教育者として，そして財政担当者として関わりました。もともと若き日からキリスト教で育まれていた弱者への愛，献身，奉仕，神のもとでは万人は平等であり，どの民族国民も皆兄弟であるという信念のもとで日々実行できる環境にもおかれることになったのです。滝乃川学園への支援は，すでに静修女学校時代から生徒にバザーの献品を制作させるほか，華族女学校教授としてもお金のいらない女学校創設事業を貧しい国民層のため興すなど，早くから弱者への愛を実行していました。

　石井亮一は，身体が丈夫ではなく，それだけに筆子は自分がしっかりしなければならないと決意していました。筆子は，皇室・皇族も近い関係にあったので，そこからの援助も学園のためにいくらかは受けることができました。筆子は大正皇后の女学校時代のフランス語の恩師であったのです。

　滝乃川学園は，1900（明治30）年代から1935（昭和10）年代まで，「保母養成部」を設置しましたが，これの発端は，濃尾震災での孤女たちの青年期教育をどうするかという思いからでした。筆子は，ここでの一般教養科目（地理・歴史・語学・裁縫など）を担当しました。

　学園の財政は，今の人は想像もできないほど切迫したものでした。第2次世界大戦後の措置費体系は，日本国憲法のもとの社会福祉制度の具体的展開の財政面ですが，それは1945年以降のことです。筆子の時代は，国や地方自治体から定期的な援助費はまったく出ていなかったのです。基本的にはすべて，利用者の学費と篤志家の寄付にたよっていました。仰ぐ寄付金は常に薄氷を踏むがごとくあやうく，さりとて学費の増額は簡単にできるわけがありませんでした。

　さらに，学園は，低所得者の子息には学費の免除までしています。見

るに見かねた協力者は，明治30年代より，機を見ては幾回も，学園支援のバザーや演劇会や映写会など，趣向をこらしたチャリティーのイベントを果敢に企画し，実行していきました。これらの発起人の大元にいた筆子は，自分で可能なあらゆるルートとチャンネルを駆使し，あるいは頼り，そして私財を完全に投じていったのです。寄付を依頼する宛名書きを途中から能書の保母が代筆したのは，筆子の右手がついに，動かなくなったからだといわれています。大正期，日本の近代の財界を代表する人物であった渋沢栄一を学園の理事長に戴いたのも，筆子の学友の力によります。

　思うに，時の富裕階層の人の心を動かし，学園の知的障害事業に関心を向けさせた筆子の勇気と熱情は，とうてい今のわたしたちの真似のできることではありません。これらの人には，西郷縦道夫人・大山巌夫人・近衛篤麿夫人・浜尾新夫人・勝海舟夫人・九条夫人・毛利夫人・大村夫人ほか枚挙にいとまがありません。

　筆子は，そのあふれる教養と知性を使って，人権思想や社会観をベースにした何冊かの本を著し，園の窮乏財政の一部の足しにもしようとしました。

　筆子は，夫亮一が逝去した1937年以降には，戦雲が不気味に漂うなか，77歳で第2代学園長に就任し，戦時色きわまる44年まで，片マヒの身をおして，とくに知的障害をもつ子どもには一段と肩身の狭い軍国主義時代を，滝乃川学園運営の当主としてその職責を果し，84歳，現役学園長のまま，永眠しました。

3　石井亮一・筆子の思想

　共にキリスト教徒だった2人の人間観・教育思想・社会思想は，より深いところで信仰の支えによって，より純化されていました。また2人

とも，聖公会の信徒でしたから，彼らを正しく知るためには聖公会社会事業一般を知らねばなりません。キリスト教は，この世を相対化できる世界観をもち，弱肉強食の立身出世主義がむなしいことを教えます。

1　事業を支え，貫いた思想

「いとちいさきものになしたるは，われになしたるなり」——これが，1900年代から，職員に礼拝堂で講義していた，石井亮一の信条，福祉実践の言葉です。神の目から見れば真珠の如く貴い知的障害をもつ人一人ひとりは，この世に流布している支配的な価値観からは，無価値の存在とされます。さらに，先祖の罪が現れて，その家がのろわれているとか，およそ知的障害を罪悪視する思想に対して，聖書は，彼らの存在は神のみわざが彼らに現れるためだと，きわめて温かく愛をもって包みます。

石井は，1890年代後半より，神は知的障害のある人一人ひとりにも独自の使命を与えられており，その独自性を個々に開花させるのが教育の営みであるとしました。そこで，教育思想としてすぐれているセガンに多くを学び，彼を日本に紹介しました。われわれが，この世の優勝劣敗の価値観で判断し，また実践してしまうと，この仕事はきわめて空しくなり，せいぜい給与泥棒の職員になってしまうだけです。

石井は，この仕事は，全能なる神に結びついている時，まことの平安があるとしました。これらの，この仕事を無意味とみなす世の思想に対して，われわれの職務は，偉大なる神への偉大な事業なのだと，職員に説きました。職員は，キリストに仕えるごとくこの人たちに教育，奉仕，サービスすることを，礼拝堂を園の中心に置いた学園共同体の基本理念とし，それに専念しました。

2　時代思想との闘い

2人は時代の思潮とも闘わなければなりませんでした。時代の思潮に

は，知的障害をもつ人とその教育事業をあまりにみじめにしてしまうものが多かったのです。封建時代から続いている女性をさげすむ考え，また，ムダがなく実用性のあるものほど価値が高いという考え，その他障害のある人を無価値で有害とみる優生思想などに，2人は実践を背景にして疑問を感じていきます。これらは，この事業に献身する2人にとっては無益であって嫌気がさし，憎むべきものでさえありました。

2人は，知的障害のある人の価値を高めあるいは普通にもどし，さらに2人の事業の進展を図ろうとしました。その時，社会のものの考え方，行動のあり方にどうしても腑に落ちないものが，根強くあったのです。半世紀に及ぶ先駆者としての営みには，これらの無関心や無理解，それに知的障害をもつ人の教育・福祉事業に敵対する思想への個々の怒りや反論，啓蒙，啓発がつねに必要でした。

しかし，2人にとってこの屈従に映る事業を喜びと栄光のそれにかえたのは，もっとより深いところでの，聖書をベースにしたそれらのとらえなおし・再評価がゆるされるという確かさへの信仰です。いい換えれば，浮薄な生き方には同調しない確固たる信念であり，少数理解者からの尽きせぬ愛と交流でした。

新しい福祉創造に取り組む前に福祉文化的遺産をあなたのなかに蓄積していれば，より基礎的な力量が確かなものになるはずです。

[河尾豊司]

注

本章の写真はすべて滝乃川学園石井記念文庫所蔵。

学習課題

1 石井筆子は明治の女性です。明治期における女性の地位について考えてみましょう。

2 太田徳代が石井亮一を開眼させたといわれます。近代日本における知的障害のある子どもの姿について考えてみましょう。

3 石井亮一は20歳で受洗しています。青年期と宗教の価値について考えてみましょう。

参考文献

いと小さきもの「石井亮一伝」『石井亮一全集』所収，大空社，1991年

河尾豊司「石井亮一・筆子の生涯と思想」『社会事業史研究』第21巻，1994年

河尾豊司『石井筆子』府中聖マルコ教会発行，2000年

五味百合子編著『社会事業に生きた女性たち』ドメス出版，1973年（続・続々もあり，1980・1987年）

日本聖公会社会事業連盟編『現代社会福祉の源流：日本聖公会社会事業史』聖公会出版，1988年

Ⅲ　知的障害をもつ人の福祉の歩みについて学ぶ

第2章

教育的保護の展開
―― 滝乃川学園の歩みについて

　すでに述べましたように，石井亮一の時代は，現代のように公行政に申請書を出して土地と建物の補助金を受けての，いわば安易に施設建設ができる時代ではありませんでした。しかも，あふれるばかりの，参考書，指導書があり，それをマニュアルにすればよいという時代でもありません。また，職員を募ろうにも，福祉専門職養成の大学や専門校などなかった時代だったのです。この章では，前章で紹介した石井亮一・筆子が，どのように，また，どのような「滝乃川学園」を創っていったのかについて考えてみることにしましょう。

1　学園の宗教教育

1　学園設立の理念

　石井亮一は，濃尾大震災の現場に孤女救済に行く前，上野のすり鉢山で深夜額から汗が出るほど，これが自分の使命かどうかを神に祈り求めました。彼は，ここで神からの護りをかぎりなく強く求め，そして確信したのです。ここから，彼は，わが国の近代化に必要であるにもかかわらず遅れている分野に向かいました。明治政府に何の期待もしたわけではありません。

　前章で述べたように，これらの，徹頭徹尾社会に依存しない，孤独の姿勢での石井の出発がかえって社会をひきつけました。彼の高潔さ，清廉さ，金への恬淡さ，そして，熱き女子教育愛は，多くの共鳴者をうみ，予期に反した支援を，国内，国外各所から引き出したといえましょう。

　戦前，学園に奉職を求めた人は，金のためではなく，石井の人格に惹

かれたからだといわれています。石井は，紙幣がビッシリ敷きつめられた畳に寝かされようとも，お金に関心がなかったし，一切それらに手をつけなかったろう，と身近にいた人からいわれています。それほど，教育方法や研究に，先駆者として，全関心を集中できた人なのです。余念は不要であり，キリスト信仰と知的障害者福祉と教育に専念しました。

　滝乃川学園は，移転すると，礼拝堂をまずどこに配するか工夫しています。礼拝堂は，園の精神の中心として，大事なものだったからです。事業の完成期の谷保村時代においても，寄宿舎や校舎は，中央のチャペルをとりまくサテライトのように位置づけられました。

2　平安と祈り

　石井は，聖三一礼拝堂で，あしたにすがすがしき気持ちで一日の護りと平安を祈り，夕べにはその日の恵みとみちびきを感謝し，また罪を悔い，赦しを乞う，という礼拝を40年捧げます。そして，職員が，範を示す石井夫妻に共鳴して，利用者に範を示し，それに利用者は倣うひとは習えるほどに感化される，というものでした。

　利用者の朝夕礼拝の出席は，自由でした。学園の宗教教育は，天然，自然の草木を，被造物としてすべて教材としました。そして，聖書物語や人類史も使用しました。職員は，午前の教育や午後の労作指導においては，キリストの前においてキリストのされるごとく，この人たちに対しなさい，と訓示されます。濃尾震災の孤女たちへの教育目標は，「清き日本婦人」を育成することでしたが，この「清き」は，キリスト教による貞淑が基礎になっています。

　学園には，明治30年代から，歴代チャプレン（宗教教育の指導者）が配されます。これは，石井亮一・筆子が，知的障害の人の生活と教育ならびに人生に，宗教教育を重視したからです。《邪悪な》彼らから，社会を守るという社会防衛論が深く浸透していて，彼らは「哀れみやからか

いや侮辱」の対象でしかなかった時代ですから，キリスト教による人格教育が学園生の心のいやし・QOL・幸福追求の権利の保障になくてはならないものだったのです。

とくに，昭和になって，無節制な軍人優位，強者優位，たくましさ優位の時代になると，弱者を守ることは，一段と困難さが出てきました。それだけに毎日曜日の礼拝が，ことさら大切にまもられました。

第2次世界大戦末期の一時期，学園の精神を皇国史観に向かって歪めようとした学園長がいましたが，この人は戦後極端な軍国主義思想のもち主として，GHQから教職追放処分を受け，学園から追い出されました。

2　教育の展開

1　最新科学の導入

さて，学園の日中生活の中心は教育活動でした。それは，知的障害をもつ人からみれば，学習です。今まで発刊された数多くの教科書では，戦前の滝乃川学園を単なる社会事業だと記述していますが，これは間違いです。明治・大正期の学園の事業形態は，「全寮制の知的障害児学校プラス指導員養成課程併設校」と見たほうが実態に合っています。

入学を志願する時，くわしい記入項目のある審査褒状（入学前調書）の記入提出が求められました。これによって，入学生のプロフィールが把握され，障害特徴が家族歴や成育歴・既往歴を加えつつ，紹介されるので，入学後の個別教育計画の基礎資料に活用できたのです。80年後の現在，福祉事務所が作成する入所施設への判定調書や緊急一時利用者について作成される調書の方が，はるかに粗雑であります。石井の入学志願者への科学的かつ厳密な姿勢は，アメリカでの教育視察やその後の新

滝乃川学園での遊戯のようす（明治30年代はじめ）

滝乃川学園本館での教育のようす（昭和10年代）

滝乃川学園での農作業のようす（昭和初期）

しい知識や教育方法を精力的に吸収した成果です。石井は，前章で紹介したように，早くも1896年，セガン他，その時代のもっとも進んだ知的障害児への教育理念と方法を，アメリカにおいて丹念に学びました。

当時の日本では，知的障害は，精神医学者が診て「治らない精神障害」のひとつと見られ，何人かの先覚医師が研究し記している程でした。幕末より，いくたびも西洋への視察団が日本近代化を夢見，進んだ西欧文明を見て来ています。その報告書に，知的障害者施設は「痴院」として紹介されています。

しかし，視覚障害の人の盲学校や聴覚障害の人の聾唖院の創設はするものの，知的障害の学校は，明治政府ならびに文部省および政府高官はすでに知っていたにもかかわらず，教育政策を策定していません。ここに大きな問題があります。目や耳という障害の部位が病理的に特定しやすく，その改善にも比較的取り組みやすい障害が先になり，知的障害は，どんな取り組みも不可能であると匙を投げられていたのです。また，人格的にも人間以下とされた知的障害をもつ人のための政策は，等閑に付され，石井亮一の登場を待つことになるのです。

文部省がはじめて海外への国費留学生として，障害児教育視察生を派遣したのは1896年ですが，彼らは帰国後，盲聾唖についての政策提言はするものの，知的障害については実効的には何もしていません。ここでふたたび，明治政府は，知的障害に関する情報を無視したのです。1899年の帝国教育会での石井による日本で初の知的障害児教育講演も，政府高官にはしっかり受け止める力がありませんでした。

時の日本の国家的スローガンである「殖産興業，富国強兵，立身出世」が，知的障害教育・福祉政策の積極的価値づけにいかに無力であったかを知らねばなりません。知的障害をもつ国民は，殖産するに役立たず，興業するに力にならず，富国するに弱者は不要，強兵には向かない，立身はまずない，と考えられたのです。出世よりも世間から隠し座敷牢に居らせよ，というのが，わが国に流布していた知的障害者観だったからです。知的障害をもつ人への新知識は，海外に求められました。

2　治療教育の方法

セガンは，社会のもっとも遅れた部分をもっとも早く取り組むべしという社会改革観をもっていて，未到の知的障害者教育にも果敢に取り組んでいました。そして，彼は多くの成果をあげ，フランス学士院からも高い評価を与えられ，時代の寵児にまでなり，セガンの報告と著作は宝典のように読まれました。その教育方法は生理学に基礎をおいたものでした。

人間の知能や精神の発達は，まず，視覚的，聴覚的，触覚的，味覚的，痛覚的鍛練を基礎としてその上に可能であり，これら5感覚の訓練こそあらゆる高次の精神活動の始まりであり，また確かな保障である，5感覚器官は精神発達の源である，という理論です。

これは，乳幼児期教育を考えれば正しいことであり，セガンはこの上に運動論のほか，さまざまな理論を実践から編み出し，生理学的教育法

として体系化しました。石井は、これを日本に導入し、滝乃川学園で実験し、さらに改良をします。学園では、セガンの開発教育機器に加え、石井により改良されたいろいろな教育機器が、明治の末年から開発されました。

学園の教育方法は、きわめて学習者本位に柔軟で、たとえば昭和初期の完成期では、午前中の4時限は1時限目が一番長く、続く時限ほど配当時間が短縮され、疲労度が配慮されました。各クラスは能力、年齢が考慮されています。

保母養成部は、だれに対しても開かれていて、韓国の人も入学しています。卒業後は学園の保母になることは義務ではなく、いろいろなところで看護婦になったり、牧師夫人になったり、現在の奈良女子大学に進学した人もいます。学園外で、新たに石井と同じ事業を興した女性もいます。

3　学園が直面した苦難 ——イバラの道

このような、教育活動にもいくつかの苦難があり、入所保護そのものもむずかしくなったこともありました。そうした苦難は、石井がまったく予期せぬことでした。

第1は「健康の危機」です。1893年に、学園生がまったくの好意で寄贈された古着類からチフスに感染、20数名が隔離病臥し、救援した看護婦4名のうち2名までが病死しました。石井も、入院し重篤となりました。このとき、看護婦を派遣した医師は、勝海舟の義息の高田畊安(コウアン)でした。加えて、学園は、1919年に、またしても同病に冒され、前回以上の罹患者数になります。こうなると教育はその前提を奪われます。

第2は、1920年の春、まだ園全体が快復をおぼえぬ矢先、今度は、男子学園生の火遊びによる火災によって、園児6名が焼死します。この時

は，筆子も救出で負傷し，亮一は，生命は尊く，責任は重し，罪を天下に謝らんと，閉鎖を覚悟します。今も学園に犠牲者を悼み記念碑があります。

しかし，この時は，皇后はじめ支援者や財閥が閉園を惜しんで多額の寄付を申し出，石井の再起を促します。こうして1年後，学園は組織変更し，財団法人として再出発します。この火災時に焼失した，園創立時から収集した専門雑誌・研究材料・教育機械・執筆した原稿類は，学園の財産損失以上に日本の知的障害教育文化財産の喪失でもありました。これ以降，亮一は学園の小使と自認し，筆子は半身負傷，さらに1932年からは片マヒになりながら，いよいよ挺身と努力の日々を始めます。

第3は「財政の危機」です。これは，園史全体を貫いています。その頂点である1929年の世界大恐慌の時は，職員に払う給与も出せなくなりました。職員は，食べさせていただくだけでいいです，給与はいりませんと申し出ます。

明治時代の創立の最初期は，明日の食事の材料にも困窮する時が再三あり，深夜無名氏が園の前に置いていった米俵で，飢えを凌いだこともあったといわれています。石井は，自分に孤女よりすぐれているものがあれば，ことごとくこれを彼らに与えようとし，彼ら以上のいかなる富も裕福もわれ望まず，といいました。これが，石井の物質生活観でした。

実際，石井の寝所は，学園生の大広間の片隅に衝立一つへだてただけで，一切自分への安逸さ・裕福さを求めず，良好な住環境の無償提供の申し出があっても断りました。

第4は，戦争による「全環境の危機」です。第2次世界大戦は，学園環境を極度に悪化させていきました。1941年から45年の5年間で31人が栄養失調死，ないしは病死しました。とくに，45年のほぼ毎月出る死亡者には，ついに教室の教壇を棺にしていきました。防空壕を造るので，木が足りなくなったのです。また，学園生が1人中国東北部（旧満洲）

に徴兵されています。このなかでも，必死に平和を求め，毎日曜日礼拝がありました。

しかし，学園の生活環境は，ますます悪くなりました。1945年春に就任の学園長は，狂信的皇国史観のもち主で，この時が学園の精神が歪曲された極点です。1945年5月には，三多摩警備大隊なる部隊が，男子部の学舎を強権的に使用し始めました。

このように，苦難が，押し寄せる波のようにいくどとなく学園を襲いますが，学園は，有限のひとを超えた，ひとより強固で堅固な神に基礎をおいたので，救われたといえましょう。

4　教育的保護の特徴

創立当初から，学園が第2次世界大戦前，治療教育を先駆的に実践していた時代は，まだ，民生委員，児童委員，地域の社会福祉協議会制度も形成されていない時代でした。しかし，全体としてはからかいと冷やかだった地域社会にも，一部の傑出した篤志家がいたことを忘れてはなりません。食料が窮乏した第2次大戦末期には，野菜をリヤカーで提供してくれたり，1950年頃には，地域に実習開拓もできているのです。

わたしたちは，先覚者の到達点をしっかりみつめ，まずそこまで到達しているのか，自問することが大事です。創立者の考えにより，滝乃川学園は，1930年代常勤の医師を置き学園のまわりの無医村の住民の健康管理に積極的に協力し，何度も病人を助けています。これは，今の知的障害者福祉法でもまだ実現していない先見性といえましょう。また，学園は，述べてきましたように，明治の開設期をピークに常に社会に開かれ，ボランティアを受け入れていました。

[河尾豊司]

注

本章の写真はすべて滝乃川学園石井記念文庫所蔵。

学習課題

1 障害者社会福祉事業と宗教との関連性について考えてみましょう。

2 藤倉学園の創立者,川田貞次郎について調べてみましょう。

3 セガンの生理学的教育法について調べてみましょう。

参考文献

清水寛編著『セガン　知的障害教育・福祉の源流：研究と大学教育の実践』日本図書センター,2002年

はししゃんの日記を本にする会編『はししゃん　いつまでもなくあるように』橋本一郎さん研究会,1986年

『石井亮一全集』(増補版)(全4巻)滝乃川学園,1991年

『川田貞次郎全集』藤倉学園,1996年

Ⅲ　知的障害をもつ人の福祉の歩みについて学ぶ

第3章

福祉的保護
―― 入所施設を中心とした対応について

　わが国の知的障害をもつ人への社会福祉は，家族対応を基本にして，入所施設による保護を中心に行われてきました。知的障害をもつ人への福祉的保護は，児童福祉制度による障害児対策として開始されます。やがて，そうした対策が児童福祉制度から分かれ，さまざまな障害に応じて施設の種類を増やしてきました。この章では，知的障害をもつ人に対する入所施設を中心とする福祉的保護の歩みを理解し，今日の知的障害福祉の土台がどのようにつくられたかについて考えてみることにしましょう。

1　福祉的保護の形成

1　児童福祉法による対応

　敗戦の混乱期は，戦災孤児問題への取り組みが社会の大きな課題でした。児童福祉法（1947年）により，戦後混乱期の浮浪児など児童問題への対応策として児童養護施設が制度としてつくられました。戦後の混乱期に少年犯罪が急上昇し，計画的な対応が必要になったからです。そして，浮浪児のなかに知的障害をもつ児童が含まれており，児童養護施設とは別体系の施設が必要になりました。こうして知的障害をもつ児童への対応は，児童福祉法により行われるようになります。

　戦前から活動していた知的障害者施設「滝乃川学園」は，今日の児童養護施設の機能を担うとともに，知的障害児施設として認可されるようになりました。また，後に知的障害児施設に転換する「近江学園」もこの時期に児童養護施設として設置され（1946年），戦災孤児や浮浪児への対策として児童に衣食住などの最低生活を提供する施設としての役割

を果たすようになっていきます。

このようにして、知的障害をもつ人への対応は、入所施設での児童保護として開始されました。当時の児童福祉施設は、貧困救済を第1の目標として、経済的に恵まれていない家庭の子どもが優先されました。経済的に恵まれていた家庭の障害児の場合、在宅で家族・親が世話をするだろうと考えられました。したがって、当時の知的障害児施設は、児童養護施設と同様、衣食住などの最低生活を提供する児童保護に重点が置かれました。

法律ができてしばらくは、多くの児童入所施設が戦災孤児や浮浪児に対して最低生活を保障する場としての役割を果たします。やがて、要保護児童のなかに混在していた障害児を分類収容して対応するために、さまざまな障害児施設がつくられていくことになります。

障害児施設づくりには、1952年に正式に発足している「親の会」が大切な役割を果たします。この会の活動は、特殊教育の量的な不足という現状に対して、数名の母親により開始されました。これが「全日本手をつなぐ育成会」につながる運動体に育っていったのです。

1957（昭和32）年に、知的障害児通園施設が、児童福祉施設として位置付けられ、障害児の教育を保障する場として制度化されました。この制度化により、障害児教育が不充分な現状に対して、社会福祉は教育の役割を代替することになります。他方、通園施設の創設は、これまでの在宅か収容保護施設という2つの選択肢しかない状況において、新たな対応が開始されたという点で大きな意義があります。

2　知的障害者福祉法による対応

1950年代中頃から始まった高度経済成長が影響し、国民健康保険法（1958年）や国民年金法（1959年）の制定により、医療や老後の保障が不充分ながら整備されました。こうした状況を背景に、1950年代までは、

知的障害をもつ人への社会福祉行政による対応は児童を中心に行われ，18歳以降の人への対応が放置されてきました。成人に達した知的障害者に対しては，生活保護による救護施設において，生活困窮者として入所保護するという状況でした。

1950年代末には，児童施設に入所保護されていた障害児の過齢化（18歳以上になった児童の）問題がマスコミをとおして大々的に報じられました。あるいは，親の運動を背景に，こうした成人期の知的障害者対策を児童福祉とは別の法体系に基づき行うべきだという気運を高めました。また，重度の知的障害者については，「終身保護」が必要であるとされました。

精神薄弱者福祉法・現在の知的障害者福祉法（1960年）は知的障害をもつ人の「親亡き後」の対策として，入所施設を増設していくことを目的にして制定されました。施設は，「保護」と「更正」を目的としてつくられていくことになります。前者は，生命と生活を維持するための保障であるのに対して，後者は適切な環境で自立生活をする訓練のことです。この時期に成立した知的障害者や高齢者の福祉法（老人福祉法1963年）は，入所施設による保護を前提にするものであり，入所型の福祉サービスを中心に提供する仕組みを想定したものでありました。

障害児施設における過齢児の問題が契機になり，成人対策の必要性が認識されるようになりました。また，重度障害児への対策として，入所施設が主流を占めるようになり，1960年代の前半までに障害児の入所施設中心の福祉制度がつくられました。

すでに述べたように，障害児の教育が保障されていない時期において，学校教育の代替的な役割を社会福祉施設が担ってきたために，施設において「治療教育的」に対応する理念が知的障害者福祉領域に定着しました。このことが，知的障害をもつ人を自己決定の主体と見るのではなく，教育や保護の対象として考える傾向を強めてしまうことになります。

3　福祉的保護の多様化と拡大

ところで，1950年代後半から最重度の心身障害児のことが問題になっていました。1954年に糸賀一雄が創設した「近江学園」において重度重複障害児の療育が開始され，「びわこ学園」での取り組みに発展していくことになります。さらに，1958年，重度知的障害児，視聴覚障害などの重複障害を有する児童を保護する施設として，国立の「秩父学園」が児童福祉施設として開設されます。

やがて，障害の重い児童に対する調査が行なわれ，1967（昭和42）年に，児童福祉施設であると同時に，医療法上の病院として「重症心身障害児施設」が設置されるようになります。そして，「秋津療育園」「島田療育園」「びわこ学園」（『全国重症心身障害児施設総覧』より）が重症心身障害児施設として認可されます。

重症心身障害児施設の制度化は，知的障害児施設と同様に，過齢化問題を生み出します。入所児が過齢化しても利用できるようにするために，制度上病院として位置付けることで対応しました。この当時から家族の生活を守るための対応も含めて行われています。

当時，「親の会」活動のリーダーや行政関係者がモデル施設として見学したものは，1960年代西ドイツの「ベーテル」であり，それは完備した大規模入所施設でした。この完備した海外の大規模施設の視察事例がわが国の障害者対策のモデルとして考えられました。

先に述べたように，知的障害者福祉法は，入所施設をつくるための制度としての限界がありますが，児童福祉法，身体障害者福祉法に続く障害に対応する法律として意味のあるものでした。障害者の生活問題を入所型施設の増設で解決しようとしていたために，大規模施設の増設という方法を考えました。それが，1965年の社会開発懇談会により行われ，重度の知的障害者の収容保護施設であるコロニーの設置提案であり，こ

れを受けて厚生省は、「心身障害者コロニー懇談会」を設けました。

　この懇談会は、心身障害者の長期入所保護施設であるコロニーの設置について、国・地方公共団体などにより、ブロック単位で設置していくことが望ましいとされました。大規模複合施設として、国立コロニーのぞみ園（1971年：550人）、愛知県コロニー（1968年から一部開設）、金剛コロニー（1970年から一部開設）などがつくられました。

　以上のように、1960年代前半までの「親の会」の運動目標は、入所施設をつくることに重点を置くものでした。当時は、障害児が生まれると、児童相談所を通して施設入所を申し込み、宝くじが当たるかどうかを祈るような気持ちでその機会を待ったといわれています。

　知的障害者福祉法の制定を契機に、1960年代には具体的な制度の実現に向け運動が推進されます。たとえば、すでに述べたコロニー構想が具体化する反面、在宅者に関する対応が要求されるようになりました。障害者問題として共通する課題に対応するために、1965年に全日本育成会などの親の会と、16の専門団体からなる「心身障害児福祉協会」が全国社会福祉協議会に設置され、障害者対策基本法（1970年）の制定に向けた運動が展開されます。

2　福祉的保護の限界と在宅福祉

1　入所施設の量的拡大の限界

　親の会発足当時の活動目標は、知的障害者福祉法の制定を目指し、入所施設を量的に拡大することでした。そして、入所施設づくりを中心にして、たくさんの施設をつくり、その設備を改善していくことが、障害をもつ人の社会福祉を充実させていくことであると考えました。

　しかし、1970年代に入ると、地域において家族と共に暮らすために必

要なサービスを求める運動へと変化していきます。それは，狭い枠で「生活」や「訓練」を行ってきた公立のリハビリテーションセンターやコロニーへの批判としてあらわれます。そうした入所保護施設は，財源や人材を確保し，設備を完備したとしても，地域社会との関係が遮断されるものと考えられたからです。

また，1973年のオイルショックにより，福祉財源の見なおしがされるという福祉抑制の方向が提示されるようになります。わが国の障害者への対応は，入所施設を中心とする社会福祉サービスの拡大と再編が行われていきますが，1970年代以降，入所施設サービスから在宅サービスへの転換が政策課題として提起されるようになります。

知的障害児への対応は，1974年の中央福祉制度審議会「今後推進すべき児童福祉対策について（答申）」において，障害の治療・軽減，障害児の人間形成，障害児を取り巻く生活条件の整備という3つの目標が明らかにされました。この答申において，障害の発生予防，早期発見，在宅福祉など総合的な対応の必要性が強調されました。

2　在宅福祉志向のめばえ

1979（昭和54）年の養護学校の義務化以降，すべての障害児の教育が保障されていくことになると，障害児の在宅生活を可能にし，児童療育施設での整形外科治療を主体とした療育の問題点（長期間入所による発達の遅れ）が指摘されるようになりました。入所施設よりも在宅生活を維持しながら本格的な治療を求め，総合児童療育病院，地域の学校を利用する人が増えていきます。

このように，障害者の生活問題を入所施設の増設で解決していくことについては，財政的な限界と住み慣れた地域・家族から引き離すことの理念上の問題として提示されるようになります。また，障害児の学校教育問題との関連で入所施設（東京都の施設が，地価高騰を理由として都

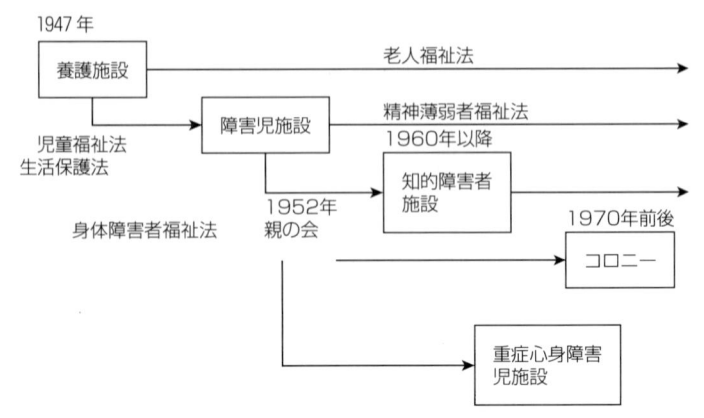

図 3-3-1 入所施設による福祉的保護の形成

外遠隔地に建設された：青森，秋田，長野，山梨など）批判が起こり，障害者への地域生活支援システムの拡大が受け入れられたかに思われました。

しかし，入所施設の縮小と在宅福祉サービスの拡大は，親の会はもとより，行政的な対応の方向としても受け入れられませんでした。重度知的障害者や重症心身障害者への対応は，親亡き後の問題や本人の主体性をどのように考えるかということと，福祉的保護の問題が深く関わり，在宅福祉の拡大に大きな障壁になっています。

これまで述べた，福祉的保護の形成過程について簡略化すると，図3-3-1の「入所施設による福祉的保護の形成」のようになります。この図に示されているように，わが国の知的障害をもつ人への対応は，児童福祉法により，児童福祉施設としての衣食住を満たすための福祉的保護として開始されました。やがて，障害児施設入所児の過齢化が契機になり，成人対策への拡大として知的障害者福祉法がつくられます。

知的障害者福祉法は，入所施設をつくるために制定されましたが，これに加えて知的障害者大規模入所施設であるコロニーが各地につくられ

るようになりました。さらに，障害に応じた施設創設ということで重度障害者への対象拡大が行われ，施設の種類を増やしていくことになります。このように，貧困対策の延長に位置する入所施設を中心とする対応は，利用者の保護が優先してしまい，知的障害をもつ人を主体として考える「自己決定」の支援という考えが受け入れ難い状況をつくってきたといえます。

[高橋幸三郎]

学習課題

1 わが国の社会福祉施設は，障害の種類に応じて多様なものがつくられてきました。障害種別に基づいて施設を多様化させることのメリットと，デメリットについて考えてみましょう。

2 貧困対策と分離できないと障害者への保護的な対応を克服していくことができないという考えがあります。地域で自立生活をしようとしている知的障害をもつ人の事例をあげ，これと比較して，社会福祉施設における保護的な対応と自己決定の支援について考えてみましょう。

参考文献

糸賀一雄『福祉の思想』NHKブックス，1968年

北沢清司「知的障害者福祉行政の沿革と今後の方向」『障害者福祉論 Ⅱ』全国社会福祉協議会，1997年，pp. 4-29.

国立コロニーのぞみ園田中資料センター編『わが国精神薄弱施設体系の形成過程』心身障害者福祉協会，1982年

佐藤久夫ほか『障害者福祉の世界』有斐閣，2000年

日本重症児福祉協会監修『全国重症心身障害児施設総覧』新国民出版社，1976年

Ⅲ　知的障害をもつ人の福祉の歩みについて学ぶ

第4章

福祉施設のあり方
――ノーマライゼーションについて

　すでに述べたように，わが国では1970年代に入ると，知的障害をもつ人のすべての生活問題に対して，入所施設を中心とする福祉的保護により対応することの理念上の問題や財政的な限界が明らかになってきました。この時期以降，在宅・地域福祉の拡大が政策的な課題として示されるようになります。そうした動きに伴って，ノーマライゼーション（normalization）の考え方が施設のあり方や，援助原則を表現するキーワードとして示されるようになります。ここでは，北欧のノーマライゼーションの考え方と，アメリカの脱施設化，さらにわが国においてこの考え方がどのように受け入れられたかを考えてみることにしましょう。

1　入所施設を改善するための理念

　1950年代までのデンマークにおいては，知的障害をもつ人（以下，知的障害者）への主な対応が大規模隔離保護施設により行われていました。そこでは知的障害者の「社会からの隔離と保護」が優先されていました。1952年に発足した「デンマーク知的障害者親の会」は，こうした隔離保護施設の現状に対して，改善を求めて運動を始めました。
　親の会による改善の内容は，施設入所者数を20～30名程度に縮小すること，知的障害者の生まれ育った「地域での生活」，健常児と同じ「教育」を保障することでした。デンマークには多様な規模の入所施設が存在していましたが，1950年までの施設は，400～500人の規模で入所者の生活が営まれていました。
　1970年代までの北欧にみられるノーマライゼーションの考え方は，断種政策などの「優生学的な保護」の考え方に反対し，「知的障害者の利益のために行われる保護」を前提とするものでした。そこでは，知的障

害者を「健常者社会から保護する場」として収容施設が位置づけられていました。

　ノーマライゼーションは，デンマークの「1959年法」において示された考え方です。この法律は，当時の非人間的保護施設の改善を求めるデンマーク知的障害者親の会運動の結果として成立しました。この考え方は，入所施設の改善運動の理念として，バンク=ミケルセン（Bank-Mikkelsen, N. E.）により示されました。それは，入所施設で生活している知的障害者を「できるだけ普通の生活に近づける」というものであり，ノーマライゼーションという用語が世界ではじめて公式に用いられました。

　他方，スウェーデンにおいても1950年代から60年代までは，隔離保護が知的障害者への主な対応でした。この国では，入所施設の必要性が重視され，ふつうの状態を目指し小規模で家庭的な生活，地域への参加の方向が示されました。これが，知的障害者の施設生活を「可能な限りふつうの生活に近づける」という考え方です。

　当時のスウェーデンの入所施設は，大規模施設では200〜500人収容の施設もありましたが，20〜40人定員の入所施設も存在していました。当時の入所施設では年齢，性別，障害の程度に応じて分類され，施設がやむおえない選択肢でなく，むしろ好ましい選択肢として考えられていました。

　ノーマライゼーションは，施設入所者の人権を保護すること，それとの関係で住居，仕事，余暇などをノーマルな状態に近づけることを要求するための基本的な考え方になりました。この考え方に基づいて，保護施設の代替としてグループホーム（小規模居住）を増大させていくことになります。ノーマライゼーションの考えは，1967年に制定された「知的障害者援護法」によって教育，仕事，余暇，居住などの領域で具体化されました。特に，住宅保障という点からグループホームの拡大が重視

グループホーム居住者とスタッフ
朝食を終えてくつろいでいるところ。スタッフは食事の準備のためにパートで働いている

されたことは注目すべきです。

1967年法により，スウェーデンではノーマライゼーションが明確に位置付けられました。ニルジェ（Nirje, B.）は，知的障害者の日常生活をふつうの生活に近づけるには，環境や人びとの意識が関係していると考えました。

1970年代に入ると，養護学校での教育から普通学級での統合教育，隔離的保護施設から地域のグループホームへと知的障害者が移り，ノーマライゼーションの実現を目指した活動が開始されました。北欧諸国は人権感覚が高いことで知られていますが，福祉的保護や介入が障害者の自己決定権や，主体性などを奪うと理解されています。知的障害者の入所施設での保護が人権侵害になるとして，入所施設の現状を批判し，人権侵害を予防する運動が諸外国にくらべて早期に行われました。

スウェーデンは，知的障害者への福祉政策に関して，スカンジナビア諸国の典型と考えられています。ノーマライゼーション理念の変遷は，障害者の日常生活改善活動に深く関わっていく過程として考えることができます。

2 脱施設化を促進させる理念

　アメリカでは，大規模収容施設批判との関連でノーマライゼーションが理解されました。1969年にヴォルフェンスバーガー（Wolfensberger, W.）は，デンマークとスウェーデンの福祉施設の現状を視察し，アメリカ社会にこの考え方を導入しました。導入された時期には，大規模州立収容施設入所者である精神障害者・知的障害者を地域社会に戻すという流れが準備されていました。そして，1970年代前半までは入所者が増大し続けますが，後半以降，脱施設化（州立収容施設の廃止，小規模化）が急激に進められることになります。

　知的障害者の入所施設のあり方を示す北欧のノーマライゼーションの考え方が，アメリカでは「脱施設化政策」の基本原理として用いられました。アメリカでは，「通常の人に近い生活」を障害者に保障するということが，隔離された場での収容保護に反対する理念として位置づけられます。医療，教育，労働など隣接領域への「統合」を促進させるという意味での在宅・地域福祉が重視されるようになりますが，1970年代に行われた脱施設化を支えた理念がノーマライゼーションの考え方であったのです。

　さて，アメリカにおいて，脱施設化という施設のあり方を変えていったことがらとして，専門職の職業的関心の向上があげられます。それは，当時の野心的な医師らを中心に行われた過密な施設収容状態を解消するための退所促進と，地域精神保健システムを広めていこうとする試みです。自らが所属する州立施設を単なる隔離保護の場から，本来の医療機能を果たす施設へと改善していこうとする医師の職業的な野心が脱施設化を準備しました。

　また，脱施設化の状況では，北欧の水準の高い入所施設に改善してい

州立施設のなかにあるコミュニティ中間施設（CRF）

くという考え方はアメリカ社会に受け入れられませんでした。なぜならば，脱施設化の対象になった当時の州立施設は，「低所得者に対して，低コストで運営」されていたため，収容施設サービスの水準を上げることは現実的に不可能でした。

　こうした連邦レベルでの脱施設化政策は，メディケア，メディケイドなどの連邦福祉給付を州立施設居住者について給付対象外とし，コミュニティ中間施設（CRF）に知的障害者が移ることを社会保障給付申請の前提条件としました。当時は，CRFが，15人を単位とする小集団で，福祉的保護や訓練を重視し，入居者の多くが州立施設退所者でした。こうした州政府にとってCRFへの移動を可能にする「財政的な要因」が脱施設化に拍車をかけたのです。

　CRFでは，当初軽度障害者を受け入れていましたが，重度の障害者も受け入れていくことになります。これは，ノーマライゼーションが多様な障害者に対応する際の基本原理として定着し，コミュニティ居住という政策決定に影響を与えていったことの結果です。そして，脱施設化して，地域の小規模施設での生活を保障することが障害者の人権を守ることでもあったのです。

　以上のように，アメリカにおいて施設のあり方を決定した要因として，専門職の職業的な関心により脱施設化の素地が準備されたこと，反隔離

これから作業所に行くところです。左側の彼は運転手さんで、知的障害をもつ人たちと親しく接しています。

保護的な考え方が収容モデルから地域生活支援モデルへの改革を促したこと、さらに、財政的な要因が施設のあり方を変えていったと考えられます。専門職の職業的な対応や反隔離保護理念が先行してあり、それに財政的な要因が付け加えられることにより脱施設化が強力に促進されました。

3　施設の地域開放と社会参加の促進

　ノーマライゼーションの考え方はアメリカへの導入に伴い、障害についての考え方、援助のあり方を検討する原理として世界的に取り入れられるようになりました。わが国では、1970年代まではノーマライゼーションという用語が一般化していませんでしたが、欧米への視察や英語圏の書物の翻訳をとおして紹介されるようになりました。この用語に対する理解は、1981（昭和56）年の国際障害者年を契機に、全国的な広がりを見せ、ノーマライゼーション原理に基づく「障害者対策に関する長期計画」（1982年）の策定など完全参加と平等に向けて動き出しました。

　また、わが国には、在宅福祉と施設福祉を組み合わせてサービスを体系化することがノーマライゼーションであるという考え方がります。可

能な限りノーマルな生活に近づけるという考え方は，施設の閉鎖性に対する反省を促します。この時期に提起された施設社会化は，福祉施設の機能を地域社会に提供する「施設設備・機能の社会化」，施設利用者の日常生活や地域社会関係を見直す「処遇の社会化」として提起されました。

処遇の社会化とは，施設入所者をふつうの生活に近づけるために，施設の生活改善を行うものです。たとえば，施設利用者をふつうの生活に近づけるための活動として，日課や異性介助の見直し，居住環境の点検など貧困問題への対応として運営されてきた施設保護からの転換が試みられました。それは，現実の管理的な制約条件を最小限にし，生活の場としての施設のあり方を模索するものでした。

このように，1970年から80年代にかけて，施設機能の地域開放と入所施設を制約の少ない場にする努力の方向が確認されるようになりました。各分野の社会福祉施設がその機能を発揮して，地域の生活問題への対応が迫られるようになりました。在宅・地域福祉の拡大に伴い，住民の設備利用やボランティアの受け入れなど施設機能の開放が具体的な課題となっていきました。しかし，この種の社会化の試みは，単に理念が先行したという面も否定できないものでした。

在宅・地域福祉の方向が強調される政策的動向を背景に福祉施設も新たな役割を担うようになりました。それが，在宅生活を支えるための地域資源を調整する機能と，知的障害者のグループホーム（知的障害者地域生活援助事業）をバックアップする役割です。

グループホームが1990年から制度化されました。社会福祉施設が入所者の地域復帰をすすめていくためには，グループホームを地域につくったり，居住者の自立生活をバックアップする役割が求められます。

知的障害をもつ人の地域生活支援事業は，生活支援ワーカーによる訪問，相談，サービスの調整が契約制度の導入以降大切な課題になってきました。地域で「障害者青年学級」や「本人の会」などへの積極的な参

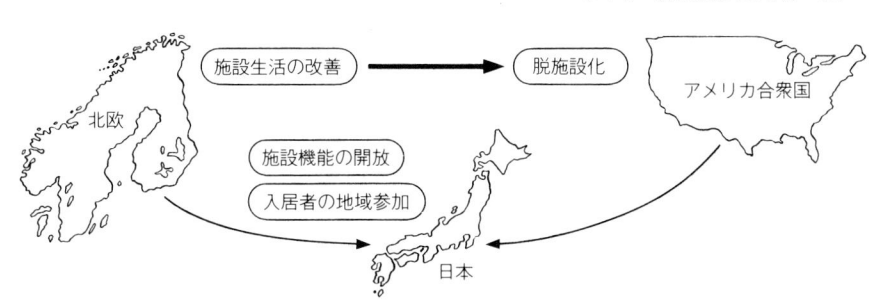

図3-4-1　ノーマライゼーション理念の導入と比較

加を支援し，支え合い活動を活性化させていく必要があります。

　他方，障害者解放運動を背景にして，施設生活の管理的な特性それ自体をなくすべきであるとする施設解体論が主張されるようになりました。この運動は，当事者の自己決定を重視して，家族からの自立生活や施設から出て，すすんでしんどい生き方を選択するという運動を展開しました。家族や入所施設につきまとう福祉的保護の克服を志向する自己変革型の運動であるといえます。

　知的障害者が地域で生活するためのサービス整備が遅れている原因のひとつとして，母親を中心とする家族・女性労働に依存していることがあげられます。そして，知的障害をもつ人たちは，支援者である親が亡くなると，地域生活が困難になり，入所施設で生活するという状況に置かれてきました。わが国では，依然として家族介護を当然視する風潮が支配的でありますが，家族の役割と地域生活支援のあり方を明確にすることが障害者の社会参加を進めていくために大切なことです。

　この章の内容をまとめると，図3-4-1の「ノーマライゼーション理念の導入と比較」のようになります。この図に示したように，ノーマライゼーションは，北欧において，施設入所者の生活改善を目指す運動理念としてスタートしました。それが，アメリカ（特に北米を中心）に導入されると，知的障害者が収容保護されていた州立施設そのものを閉鎖させ，地域居住の場（グループホームなど）の拡大を促進させる脱施設

化理念に変容しました。そして，わが国では，そうしたノーマライゼーションの理念が，施設機能の地域開放や，入所者の地域参加という方向を支える考え方として受け入れられることになります。

　今後は，この理念に基づき社会福祉施設には，地域の資源を調整する機能や，グループホームなど住宅生活の保障をバックアップする機能が期待されています。日中の活動の場を確保するとともに，その機能として，地域に密着した相談や，サービスの調整，生活の見守りを行う援助などが求められています。

[高橋幸三郎]

学習課題

1 ノーマライゼーションの考え方は，障害者問題からはじまり他の領域へと広まっていきました。北欧と，アメリカで生じたもの（脱施設化）を比較して，相違点と共通点について話し合ってみましょう。

2 日本ではノーマライゼーションが福祉の領域でどのように用いられているか点検してみましょう。

3 知的障害をもつ人が地域生活を維持していくために，求められる入所施設の役割について話し合ってみましよう。

参考文献

杉野昭博「社会福祉と社会統制：アメリカ州立病院の『脱施設化』をめぐって」『社会学評論』45号　1994年，pp. 16-30.

高橋幸三郎「ミネソタ州における精神遅滞者サービス供給戦略」『社会福祉学』第28-2号　1987年，pp. 97-120.

テッセブロー, J. ほか編　二文字理明監訳『北欧の知的障害者：思想・政策と日常生活』青木書店，1999年

ラーション, J. ほか　河東田博ほか訳編『スウェーデンにおける施設解体：地域で自分らしく生きる』現代書館，2000年

Ⅲ　知的障害をもつ人の福祉の歩みについて学ぶ

第5章
基本的人権

　それは，知的障害をもつ人たちが歴史的にどのように扱われてきたかについて考えることにより明らかになります。あるいは，いかにこの人たちが，人権無視の状況におかれやすかったか，ということと密接に関係しています。人権保障は主張することにより実現されるのです。そして，人権を保障することが，幸福を実現する社会の基礎になります。ここでは，知的障害をもつ人たちの人権保障について，地域生活支援ということとの関連で考えてみることにしましょう。

1　なぜ，人権を問題にしなければならないか

　知的障害をもつ人たちは，人権が侵害されやすく，周囲の人たちは，そのことに責任や痛みも共感ももたないで放置してきました。さらに家族のほとんどが，「この人たちに人権などありはしない，考えられもしない，あっても同じさ，あってもどうっていうことない，なくてもいいのさ」という，およそ自己の人権感覚の問題性を棚に上げて活動などしてこなかったのです。

　そして，知的障害をもつ人たち自身も，その障害の特性から，自分たちへの不遇な差別や偏見や反人権状況に対して，主張をはっきりした形で表現しにくかったことも人権保障が遅れてきた理由です。しかし，それは知的障害をもつ人たちに責任があったのではなく，きちんと真正面から受け止める世界観と見識を，身につけてこなかった社会の人びとに責任があったのです。

　かれらの側からいうと，「自分のことがわかってもらえない，理解されない，いらいらする，残念でしょうがない，まともに聴いてもらえない，いじめられるだけの自分なんだ」という屈従・悲哀の境涯でした。

また，人間の罪深い本性から，人は，いじめても何も反撃せぬ者をいじめては自己の優位性をくすぐるとか，相手をバカといっては実は自分がバカでないことを必死に守ろうとします。

　また，多くの知的障害のある女子が強姦や種々の性的虐待の犠牲となったり，売春婦にされたり，男女を問わず十分伸びるべき能力を故意に劣悪環境におかれることで摘まれてきたことも事実です。

　しかし，これらの問題状況は，個人の心がけの問題，精神の持ち方の問題，その人の姿勢・道徳の問題だとした場合，自己責任として考えられがちです。今までの長い歴史は，政策の問題，制度の問題，国家責任の課題にすることに消極的になっていったのです。

　これに対して，基本的人権理論は，人間は，家柄のよしあし，学歴の有無，男女のちがい，国民・民族・人種・部族などのちがいなく，すべて，生まれる前から，神の国にある自然法によって，かぎりなく幸福を追求する権利と自由が平等に与えられているとします。「すべて」ですから，障害の有無にかかわりがないのです。この基本的人権思想が，知的障害をもつ人の悲哀の歴史の転換に対し，力をもつのです。

2　人権とはどういうものか

　人権闘争は，人間の本性に対する闘いであり，多くの犠牲の血が流されました。フランス革命，ロシア革命，民族解放闘争，しかりでしょう。特権階級は，必死で旧秩序を守ろうとしてきました。一方，人権を普遍のものとして要求する側は，命がけで弾圧に抗し，投獄，餓死，虐待・拷問・圧殺，流刑，家族の犠牲を覚悟で，レジスタンスを展開し，権力の弱体化・転換をねらい，旧権力の打倒・権力の掌握に向かったのです。

　基本的人権は，自由権と社会権の2領域をもちますが，人権は，文字通り，一部貴族の権利でも，王の権利でもなく，また男性だけ女性だけ

の権利でもなく，大人だけまた子どもにかぎった権利でもありません。それは一人ひとりに普遍的に与えられた権利なのです．

　歴史的には，地位や家柄のよい人がより早く権利保障を充実させ，女性の人権がより遅く憲法上に規定されました。知的障害のある人の権利保障は，他の視覚・聴覚・身体の障害の人の権利保障よりさらに遅れています。参政権にしても，地位と財産のある者が，一番先に獲得し，次に全男性が獲得し，そのあとやっと第2次世界大戦終結後の占領下に，占領軍の強い指導を得て女性参政権獲得になっていったのも現代日本の歴史的事実です。

　知的障害のある人の「権利宣言」にしても，国連はすでに1971年，総会で宣言し，日本も賛成して採択したにもかかわらず，この精神を盛り込んだ国内個別法の改正は，その後30年間たってもまだなされていません。

　民主主義は，君主主義・国家主義とは異なって，君主・国家権力より，国民一人ひとりに最高の価値を置きます。わが国は，民主主義国です。この民主主義の思想的根拠は，「一人ひとりが，国家権力といえども侵せない，基本的人権をもっているんだ」という点にあります。

　個人よりも国家に価値をおく国家主義の時代には，人権はふみにじられます。国民を忘れた国家への奉仕の精神が育つだけです。人権はすぐれて反国家的であります。国家の権力悪との闘いが本質です。皮肉にも，国家が人権の抑圧者に一番なりやすいというのが歴史的真実でした。これらの侵害には，国家権力を組織的に転覆してまで，抵抗し護らねばなりません。国滅ぶとも，正義は貫かるべしです。

　17世紀からの400年間の基本的人権闘争は，自由権，社会権のカタログを産みました。そのスタートは，人間存在の根本を支える精神的価値として信仰の自由は国家といえども侵せないというものでした。

　基本的人権は，劣悪で，侵害された状況があるかぎり，根本理念から

新しく創造されていかなければ，状況は好転しません。社会的に唱えられ，裁判で争われ，判決に記され，憲法に明記されて，はじめて人権は普遍性をもったものになっていくのです。ここでも，知的に障害をもつ人の基本的人権の保障はもっとも遅れて確立されました。

3　現代日本の知的障害をもつ人の人権状況

1　"人権"の使われ方

　上に述べたように，裁判で勝利が確定するまでは，「それは人権侵害だ」あるいは「それは人権だ」と正しくはいえません。20世紀最後の10年から今世紀のはじめに，わが国の社会福祉分野においては，過度に"人権"なる用語が飛び交ったように思います。確かにこれで，力を得た福祉現場の実践家もいます。

　しかし，人権なる用語を正しく憲法学的教養をもって，実践現場も社会福祉行政現場も使用しているかは疑問です。これがため，結果として，構造改革が期待される現在でも現場改革や制度改革がうまく進んでいません。憲法学の理論的成果に学ばないふやけた人権論議では，かえって真の人権闘争の大切さが認識されず，思想に根ざす根本的改革を避けて，皮相的になり，かえって，現制度発足当初のみずみずしい理念や基本的認識すら失わせることになります。

　人権を考える場合，かならず，裁判にかけても正しいかまでチェックして論結し行動する視点と，それを念頭においた共同討議が大事です。また，少なくとも民法，刑法などに規定されているものを"権利"，憲法に掲げられているものを"人権"の主たるものというように，使い分けした方がよいでしょう。実践現場の援助活動の評価の項目用語も，《人格権への配慮》とまで明確にすべきところを，何でもかんでも十把

一からげにして《人権云々》とむなしく頻用している現状です。

2　人権保障の形骸化

　知的障害をもつ人が基本的人権をもっているかどうかの根拠は，日本国憲法にあります。

　戦後の知的障害をもつ人の人権保障は，まず生存権保障からスタートしました。次に教育権保障，それから労働権保障であり，文化的生活権やレクリエーション権は21世紀の課題であり，プライヴァシー権保障はやっと緒についたかといわれるくらいです。しかし早くスタートした人権分野も，たくさんの不十分さを依然としてもち，いまだに完成していません。

　たとえば，労働権は，成人生活者の，日中生活の根幹，ないしは人生の基本になるものです。しかし，ふえている成人の知的障害をもつ人への労働権保障はあまりに遅れています。一般営利企業は，障害者の雇用が福祉義務なのにその違反を依然として続けているところも多く，懲罰金の支払いで努力の怠慢を正当化していく姿は，異常な企業感覚といわなければなりません。

　一般企業の福祉的改革の遅れが，入所・通所の社会福祉施設での終身の"更生"作業を，知的障害をもつ人に強いているといっても過言でありません。月々1000円かそこら支給の《作業参加費》という名の施設更生作業の作業報奨金で，どうして彼らの労働権保障がなされているといえましょうか。

　また，障害基礎年金は，トータルな生存権保障の経済的側面であり，受給権は本人に帰属しますが，家族が悪用している実態があります。それに対し，行政からのチェックがとても弱く，福祉行政が，知的障害をもつ人の家族からの財産権侵害の被害状況を黙認して，摘発できていないという問題が続いています。

その他，性の尊厳や人格権や相続権など，それぞれの基本的人権分野にいくつもの問題が発生していますが，ここでは労働権の紹介だけに留めます。

4 人権保障のさらなる充実をもとめて

1 居住移転の自由

知的障害をもつ人の人権について，図3-5-1の「知的障害をもつ人の人権体系」に示した内容に沿って，考えてみましょう。

ここでは，知的障害をもつ福祉施設利用者あるいは在宅生活者の意思を尊重した上での，地域生活移行，地域生活保障の可能性を明確にしていかなければなりません。それは，憲法上誰にも認められる，「居住移転の自由・移動の自由」（第22条）は長期の施設利用者にはどうなるのかという問題です。

それは以下のことがらと関連して生じます。すなわち，せいぜいが定期的な外出くらいで，文字どおりの退所の自由は，退所の要件である福祉的就労・企業就労ができない限り，保障されないのでしょうか。豊かな文化的生活権保障・幸福追求権の一つの試みとしての地域生活保障の理論的前提として退所の自由は認められないのでしょうか。

こうした点で，今日の入所施設制度は，障害の程度が退所に至るまで改善されていないからという理由で，退所という居住移転の自由を終生認めないのは，人権侵害の制度です。居住移転の自由という人権を守るためには，グループホームにおけるワーカーの複数配置や地域関係の形成，地域ミニ福祉的就労の増大は，併行してなされるべき副次的課題であり，退所をふくむ居住移転の自由を知的障害者福祉法に明記する必要があります。地域が人権感覚に乏しく，施設が地域への姿勢に消極的な

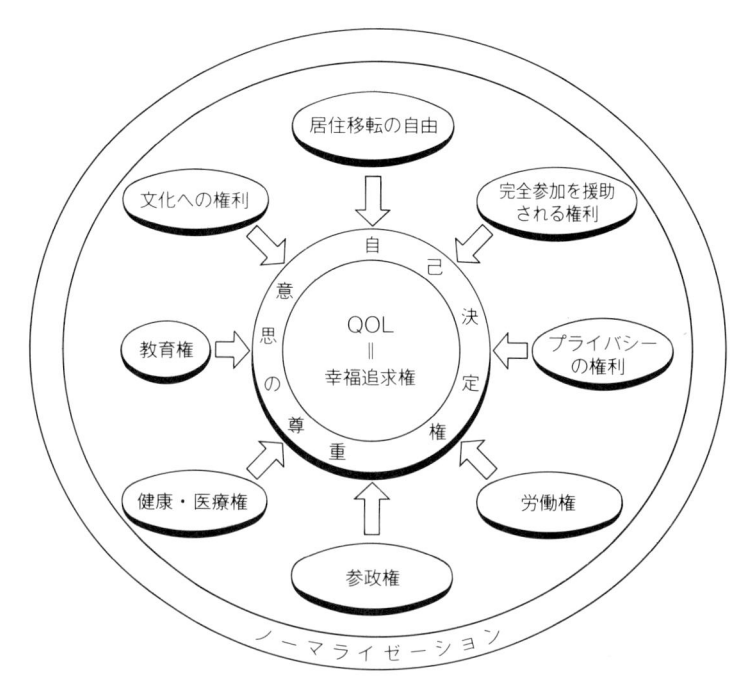

図3-5-1　知的障害をもつ人の人権体系

時，施設の隔離性は強まるばかりです。

　なぜ現在の入所施設が問題かというと，根拠法に退所基準がない上に，現行省令が，人間が通常育つべき，あるいは暮らしの基本単位として家庭規模の空間を保障するような援護基準になっていないからです。地域居住とは，家庭規模の居住スペースで生活がなされるということです。ここを理論的前提としてきちんとしておかないと，地域生活移行も泥縄式になり，大きな発展はのぞめないでしょう。

2　プライヴァシーの権利

　次に，プライヴァシーの権利について考えてみましょう。プライヴァシーの権利とは，"そっといておいてほしい"権利，私生活を干渉されない権利です。

これこそは，知的障害をもつ人を，通常の権利を保有している人とわたしたちが見ているかどうかの試金石であり，地域生活でも依然として重要課題です。プライヴァシーの権利は人格権と密接に結びついています。われわれは知的障害をもつ人たちも人格への配慮をもとめているんだ，と何回も自分にいい聞かせなければなりません。われわれは彼らに対し通常人の前ではしないような愚劣で，軽率で，わきまえのない声かけを誰でもしたことがないとはいえないでしょう。援助者の人権感覚も問われるのです。

3　完全な社会参加を援助される権利——冠婚葬祭参加権

また，「冠婚葬祭への参加権」は，血縁が強いきずなをもつ日本の家族が知的障害者を家族にもつ場合，その親族共同体の中で正義を貫けるかどうかの試金石です。知的障害をもつ人も，ある父母の子であり，ある兄姉の妹であり弟です。ある妹弟の姉であり兄であるのに，きょうだいの冠婚の喜び・父母の葬祭の悲しみの席に同席できず，人生の節目を家族の一員と共同体験できないのは，差別以上にかれらの人間としての大事な成長の機会を奪っているといっても過言でありません。21世紀の今なお，理解と勇気ある父母をもつ知的障害の人のみが，この権利を保障されるというのは誠に寒々としたものです。

4　参　政　権

公民権の一つとしての「参政権」はどうでしょうか。

選挙公報は読みにくい，説明しにくい，「ほんとに知的障害をもつ人たちに選挙権はいるのかしら，しかし，とにかく何人かだけでも，本人の意思を確かめ，投票を保障してみよう」，というところで留まっている場合が多いのではないでしょうか。

このなかで，1例ですが，すでに1980年から，国政レベルの選挙にま

で立候補者を招請して，園内演説会をもち，また地元選挙管理委員会の積極的協力を得て模擬投票を実施するなど，この人たちに，少しでもよりやさしく参政権行使における選択に対する援助の工夫を展開している施設もあります。

5 自己決定権（自己意思の尊重）

さらに，「自己決定権」についてもふれないわけにはいきません。

これは，知的障害分野では，入所施設の指導員が入所者の事項に関しても決めてしまう，いわゆる他者決定，そこから入所者の自己意思がないがしろにされてきて，入所者の自己意思がまったく育たなくなってきていた状況の問題性に対して提起された概念です。もともと，この概念は，ターミナルケアにおける医療上の概念として生まれ，憲法学上も最近研究されだしました。知的障害領域では，特に口頭による意思決定がよみとりにくい重度障害の人に対しては，さまざまな実践的工夫が求められます。

ここで，自己意思の尊重は，人間の尊厳の根幹であります。自己決定の尊重がその重要な保障ならば，「自己選択しにくい」，「かれらは自己決定できるのかしら」という疑問を，自己選択不要論，自己決定不毛論に結びつけてはなりません。むしろ，困難であればあるだけ，援助する側の知恵の足りなさを反省しましょう。的確な伝達の仕方やインフォームドコンセントの研究に励まねばなりません。

6 健 康 権

ここでいう健康権とは，「最適医療を請求する権利」のことです。

これは，入所・通所の施設にかぎらず，とても大事なことです。知的障害をもつ人は，健康の不調に対し的確な訴えを行うことがむずかしいだけに，援助者や周囲が，発見を遅らせたり，診断を誤ったりなどの例

は枚挙にいとまがありません。また一人ひとりに，最適の医療保障がなされているかという疑問も現実にあります。

彼らは，身体の各部位が弱いことが多いだけに，援助者集団の医学・看護的水準の向上が求められるのです。たとえば，皮膚が弱く皮膚疾患が多いダウン症候群の人は，老化による変調が早く，またアルツハイマー症にも早くなりやすく，実年期にてんかん発作を初発することもあるので，現場の援助チームには医療・看護的視点は欠かせません。

21世紀は，以上のようなことがらを基本的人権の中にしっかりはめ込み，それらを，「幸福追求権」という上位概念の中味として，一括して考えていく必要があります。さらに，福祉施設で自治会をもつことなどについても，知的障害をもつ人の言論・表現・集会・結社の自由など新たな観点から評価してみるほか，労働権の本格的拡充もいよいよ大事になってくるでしょう。さらに，参政権行使も，知的障害者が選挙公約と抱負を社会権後見制度を創設して自分ではっきり出し，被選挙権行使まで展開してやっと，障害者も国民主権を獲得した，権利弱者も共生しているやさしい福祉社会が始まるといえるのではないでしょうか。

[河尾豊司]

学習課題

1 日本には，「バカにつける薬はない」という言葉がありました。どう思いますか。

2 家族や親せきや友人や近所に知的障害の人がいたら，その人の生活環境を深く調べてみましょう。

3 今でも，知的障害の人の人権侵害記事（たとえば，茨城県のアカス事件）が新聞によく出ます。切り抜きして，共同討議して

みましょう。

参考文献

はししゃんの日記を本にする会編『はししゃん』橋本一郎さん研究会，1986年

芦部信喜『憲法』岩波書店，1993年

イェーリング　村上淳一訳『権利のための闘争』岩波書店，1982年

福島章伍編『あゆみの文集』山口児童文化研究所出版部，1977年

日本精神薄弱者愛護協会編『愛護』（人権特集各号）

用語解説

育成医療

児童福祉法に基づき支給される医療費のことです。障害をもつ児童は将来にわたって長期的に医療を必要とすることが多くなるため、医療費の負担は多大なものとなります。そこで、この制度はそれらの経済的な負担を軽減することを目的としてつくられました。

対象となるのは、年齢が18歳未満で、日常生活に支障があり、現存する疾患を放置すれば将来障害を残すおそれがある児童です。疾病の種類は定められており、手術などにより治療効果が期待できる児童を支給の対象とします。

指定された医療機関を受診する際に、診察、薬の支給、入院手術また在宅療養上必要な管理および看護の費用が減免されます。減免金額は、各種健康保険を適用し、その自己負担金が給付されます。なお、その世帯の前年分の所得税額に応じた自己負担があります（心臓障害と腎臓障害については自己負担はありません）。

申請は現在住んでいる地域の保健所で行います。指定医療機関で意見書を作成してもらい、申請書類と合わせて提出すると、審査を経てから育成医療券が発行されます。　　　　　　　［楠　佳子］

一般就労

知的障害をもつ人の就労には、一般（企業）就労と、福祉的就労があります。前者は企業などに就職する場合をいい、そうした就労を直接援助する人がジョブコーチです。後者の福祉的就労は、授産施設や小規模作業所などの福祉施設において働くことをさします。

1988年に「身体障害者雇用促進法」から「障害者の雇用の促進等に関する法律」に名称が改められ、知的障害をもつ人も雇用率にカウントされるようになりました。これは、一定率以上の障害者雇用を義務付け、納付金制度により企業間の負担を調整し、助成金を支給して雇用を促進させるものです。一般事業所の法定雇用率が1.8％に改定され、知的障害者もこの雇用率に算定されています。

従業員が5人以上いる事業所で、6万人の知的障害をもつ人が働いているといわれています。しかし、ここ数年、中小零細の製造業では、リストラや倒産が多く、障害をもつ人もそうした動きに巻きこまれています。また、学校卒業後の就職者も減少し、福祉的就労が増加する傾向にあります。　　　　　　［高橋幸三郎］

エンパワメント (empowerment)

自分の生活や置かれている状況に気づいて，自分たちの生活を改善していく力を回復したり，強化したり，獲得していくことをいいます。1980年代のアメリカにおいて，黒人，障害者，高齢者，女性などの生活問題にかかわって発展してきました。特徴的なことは，専門職から何かをやってもらうという受け身の立場ではなく，自分自身が行動する能動的な立場を重視することなどがあげられます。

生活する力は，市民社会や人間が本来備えている潜在的な力を基礎として育まれるものです。このような生きることへの隠れた力を引き出すのは，教育経験や体験の過程，市民活動のネットワークが生みだす友情，信頼，自覚，自信，責任などの関係資源です。これらはエンパワメントの過程を構成する重要な要素になります。

どのような障害をもつ人でもいかに主体的に日常生活を送るかということが課題になります。自分の生活が他人からコントロールされている状況から，自分で自分の生活を組み立てていくことを目指し，エンパワメントしていくのです。

［楠］

学習障害 (Learning Disabilities)

聞く，話す，読む，書く，考える，計算する力の習得に非常な困難を示す障害のことをいいます。この障害は，知能に遅れがないのにもかかわらず，読み，書き，計算などの学習に困難が生じます。また，この障害は，意識を集中させることも難しく，対人関係において問題が生じやすく，社会生活への適応を困難にします。

そうした困難は，学齢期に明らかになりますが，その時期を過ぎても分からない場合があります。障害の原因は，家庭や地域などの生活環境などによるものではなく，中枢神経系に何らかの機能障害があると考えられています。

学習障害は，心理的，教育的な基準で判定されますが，正しく判定され，効果的な指導が求められています。学校教育においては，通級学級などで学習することも可能ですが，一人ひとりの子どもの障害にあった個別学習プログラムに基づいて指導していくことが大切です。就労支援などでもこうした取り組みが必要です。

［高橋］

ケアマネジメント (care management)

日常生活においてさまざまな援助を必要とする人が，安心して在宅生活を送れるように社会資源を調整することです。この調整はマネージメント従事者（高齢領域の介護支援専門員）によって行われますが，利用者一人ひとりのニーズが適確に把握されていなければなりません。

社会資源の調整は，利用者がさまざまなサービスを利用して，安定した日常生活を維持できるよう，利用者とサービスを提供する人とのあいだに入って行われます。また，1人の利用者が用いるサービスは多種多様です。たとえば，1人の

利用者が安定した日常生活を送るために，AデイサービスセンターとBホームヘルパー会社とCホームヘルパー会社を利用するといったように，複数のサービス提供者が関わることがあります。そうした場合，利用者に適切なサービスが提供されるように，複数のサービス提供者のチームワークを促す働きかけも必要になります。

私たちの生活は毎日決まった活動の繰り返しだけではありません。したがって，利用者の日々のサービス利用状況と生活の変化を見守り，必要なサービスを調整しながら援助しつづけていくことが大切です。　　　　　　　　　　　　[楠]

支援費制度

社会福祉基礎構造改革により障害福祉分野の法律が改正され，2003年度から導入が予定されている福祉サービス利用の方法です。これまでは，知的障害をもつ人が入所施設や通所施設を利用する場合，行政が「措置」として決定していました。新しい制度が導入されると，利用者は施設（指定事業者）と直接「契約」することになります。

図の「支援費制度」に示したように，利用者が施設に直接申し込みし，市町村に「支援費支給を申請」すると，支給が決定されます。実際は，この支給は施設が受けますが（代理受領），利用者が，自己負担分・利用料を施設に支払うことになります。つまり，これからは施設は行政から「措置費」を受け取る代わりに，利用者から「利用料」を受けとって仕事をすることになります。制度的には，利用者がサービスを選ぶ主体として考えられるようになります。
　　　　　　　　　　　　　　　[高橋]

施設建設と住民の反対運動

通所・入所を問わず障害者の福祉施設建設に対して，近隣住民の反対運動が起こることがあります。こうした動きは，高齢者施設に較べて，障害者施設の建設に多く見られます。反対の理由として，施設建設の段階で近隣住民への説明・参加の配慮が欠落していることがあげられます。

また，住民が福祉施設建設に反対するのは，施設が迷惑であるという意識が根底にあると考えられます。特に，これまでの入所施設は，住民になじみのない行政関係者が建設計画を立て，他の市区町村の住民である障害者が利用してきました。さらに，施設建設に反対する住民は，福祉施設建設に総論では賛成しても，実際に自宅の近くに施設ができるなら反対する場合もあります。市民会館や図書館に比較した場合，福祉施設は地域のイメージダウンになるとして反対してきました。これは，建設地の近くの住民は反対し，遠く離れた住民は賛成するという「総論（タテマエ）賛成各論（ホンネ）反対」という図式です。

住宅街にある都市型の福祉施設の条件は，高齢者のデイサービス施設にみられるように，近隣住民が利用可能な施設であること，さらに，近隣住民が利用する

図 支援費制度

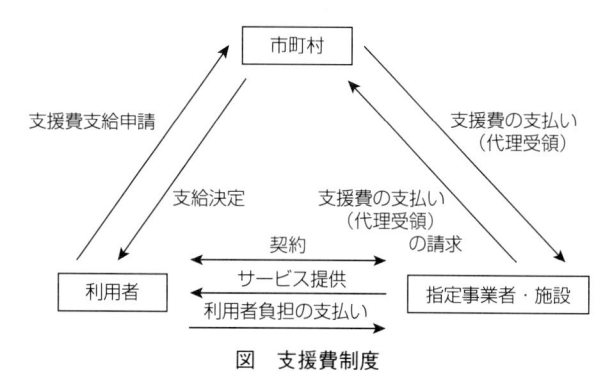

出典：社会福祉の増進のための社会福祉事業法等の一部を改正する等の法律の概要（別紙1）

という意味では多機能であることが理想的です。住みなれた地域での生活を維持するために住民が施設を活用することはノーマライゼーション理念を実現させることになります。小規模施設で，その地域になじみのある人が中心に建設計画を立て，近隣住民が運営に参加し，地域の住民が利用するという施設づくりを考えていく必要があります。　　　　　［高橋］

出生前診断

　子宮内の胎児に障害や疾病があるかどうかを調べる診断のことです。妊婦や胎児の状態を判断し，生まれてくる赤ちゃんが重い病気にならないように予防的対応として行われてきました。また，生まれてくる赤ちゃんの病気や障害に対して，早期に治療を開始できる利点もあります。

　診断には以下の4つの方法があります。

　①妊婦のお腹に超音波をあてて胎児の状態を画面で見る方法，これは妊娠中いつでも行われる診断ですが，すべての異常を見つけ出せるというわけではありません。②妊婦のお腹に細い針を刺して羊水を取り，その成分を調べて診断する方法，これは早期診断により，赤ちゃんの症状を軽くするための治療をすることもできます。しかし，診断後まれに羊水が漏れ出したり，異常な出血が起こることもあります。③妊婦から胎盤の絨毛（胎児の細胞）組織を採取して診断する方法がありましたが，これは採取方法が難しいため，他の診断に比べて流産の可能性が高くなります。ただし，短期間に結果が得られ，早期診断により赤ちゃんの症状を軽くし，健康な状態に近づくように治療することが可能です。④妊婦の血液を採取して診断する方法は，診断結果に母親の年齢，妊娠周期，家族歴などを考慮して統計的に算定するので，確定診断ではありません。それぞれ，診断目的や妊娠の時期によって診断の方法が異なり，結果が出るまでの時間や妊婦および胎児へのリスクも異なります。

　出生前診断は，障害のある赤ちゃんを見つけて社会から排除するための技術で

はありませんが，障害の発見によって妊娠中絶が選択されることもあります。この行為は生命を選ぶことにつながるとの批判があることから，世界中で社会的な議論を呼んでいます。　　　　　　［楠］

障害基礎年金

年金は，障害や高齢などの事故が発生した場合，必要な金銭給付が行われる制度です。年金制度は，20歳から60歳未満のすべての国民が加入し，基礎的部分が給付される国民年金（基礎年金）と，それに上乗せして年金を受け取る厚生年金，共済年金からなっています。

知的障害をもつ人の多くは，基礎年金の対象になりますが，20歳になったら，市区町村の担当窓口に行き，資格取得届（障害基礎年金裁定申請書）を提出する必要があります。添付書類は，戸籍抄本，国民年金診断書，病歴・就労状況などの申し立て書，課税証明です。

知的障害をもつ人の障害程度認定は，精神科医師の診断（知能指数の測定，日常生活能力：食事，排便，入浴，着脱など）が3段階区分で行われます。知的障害をもつ人のように，20歳以前に障害を持つようになった人は，基礎年金を受給する際，保険料を納付する必要はありません。支給額（月額）は，1級83,775円，2級60,701円（2000年度）となっています。　　　　　　　　　　　　［高橋］

障害児教育

障害児教育の世界的な動向として，「教え」から「学び」を支援する教育が行われるようになりつつあります。障害を持つ子どもたちに，さまざまな学習目標を考え，地域の通常の学校ですべての子どもに対応できる授業を作ることを目標にするようになっています。

わが国では，盲学校，聾学校，知的障害児や肢体不自由児のための養護学校や特殊学級，通級指導教室に通うことになっています。これまで，障害種別で教育単位を分離したのは，障害に応じた教育を行うという配慮によるものと考えられます。障害児教育が行われる学級単位は，個別対応が可能な少人数制とされてきました。

今後は，こうした分離教育以外の選択肢として，通常の学級において障害児が教育的な支援を受けて，学習する形態の拡大が望まれます。このことについては，不登校，いじめ，おちこぼれなどの問題に対しても同じことがいえます。そうした子どもにも対応可能な，教育的な支援をしていくシステムが通常の学級内に必要になっています。　　　　　　　［高橋］

障害者手帳

知的障害をもつ児童や成人に対して「療育手帳」が発行されますが，手帳の申請は任意に行うようになっています。社会福祉サービスや障害者雇用制度を活用する場合，この療育手帳が必要になります。手帳が必要なった時は，居住する市区町村の担当窓口を尋ねると，取得のための手順について説明を受けることが

できます。

手帳を取得するには，申請書，写真，印鑑などをもって児童相談所（18歳未満），あるいは，知的障害者更生相談所（18歳以上）にて，知的障害と判定を受けた方に交付されます。手帳の名称は，「療育手帳」ですが，「愛の手帳」（東京都）などのように都道府県で名称が異なっている場合があります。手帳が交付されたら，原則として2年ごとに判定を受けることになっています。また，知的障害と身体障害を併せ持つような場合，双方で受けられるサービスが異なるのでそれぞれの手帳を申請する必要があります。

[高橋]

障害の自己理解

障害をもつ人が自分自身の障害について理解することは，よりよい生活を自分で選ぶために大切なことです。障害の自己理解には，①自分には何ができて何ができないのかという障害の程度を理解すること，②理解した上でこれを受容することの2つの過程があります。

中度・重度の障害をもつ人には，①の障害理解の援助が特に必要です。最も良い方法は，失敗経験も含めて，さまざまな経験の機会を増やし，経験からの学びを繰り返すことです。さまざまな経験をすることによって，他の人と自分自身を比較する機会が増えます。自分と他の人との違いや同じ所があるという意識をもつようになります。

また，軽度の障害をもって生活している人には，②の自分の障害を受容するための援助が必要です。たとえば，「本人活動」をとおした仲間との出会いは，自己受容を進めていくための支えになります。

知的障害を持つ人は，日常的に差別を経験しており，自分の障害程度に関する理解はあっても，それを受け入れたくないという思いがあります。自分の長所に自信を持ち，自分の障害に対して劣等感をもつことなく受け入れられるようになるための支援が求められています。

[高橋]

障害の理解

これまでの「障害」（「国際障害分類（International Classification of Impairments, Disability and Handicap: ICIDH）」）概念は，四肢麻痺などの「機能障害」を基本として「能力低下」・「社会的不利」が生じるという認識に基づいて，医療面でのアプローチを強調するものでした。

そうした医療面を強調したモデルの問題点として，生活問題という個人の社会的不利を生じさせる環境的要因への分析に有効でないとか，身体障害に比べ児童期の障害や精神障害への適用が困難であるといわれてきました。あるいは，障害をもつことにより，どのような生活困難が生じるかという「過程」を明らかにするものではありませんでした。

図に示されているように，「健康状態」と「障害」，「社会参加」の関連を理解す

```
Health Condition  健康状態・(disorder／disease)変調／病気
                          ↕
    Impairment  ←→  Activity  ←→  Participation
    機能障害           活動              参加
                          ↕
         Contextual Factors  背景因子
           A. Environmental  環境的な因子
           B. Personal  個人的な因子
```

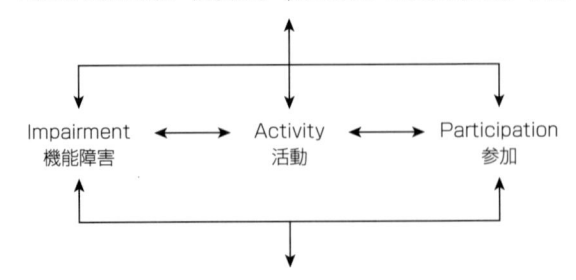

図　障害現象の発生過程社会モデル

資料：WHO 国際障害分類第2版, 2001年；厚生労働省社会・援護局障害保健福祉部『仮訳　国際生活機能分類』

る標準的な枠組みが提供されています。それは，健康状態そのものではなく，健康状態に関連して起こりうる事象を理解しようとするものです。

健康状態は，疾病（急性・慢性），器官の変調，あるは妊娠，老化，ストレス．先天性異常，遺伝的素質などの影響を受けます。健康状態は，国際疾病分類（ICD）において定義されています。疾病分類診断に障害認識を付け加えることにより，個人の健康状態の説明に一層意義のある情報を提供することができます。

このモデルは，生物学的なレベルと社会的なレベルの双方が作用してなる健康のいろいろな次元を統合的に捉えようとするものです。この枠組みを活用することにより，機能障害により生じる「障害という社会現象」を理解するための情報を収集し，障害を持つ人の社会参加を促進するための要因を個別事例に基づいて検討することができます。

さらに，個別事例の蓄積により，政策レベルでは，自立と自己決定を可能にする社会的対応のあり方を明らかにすることができます。「機能障害」を基盤にして，能力低下を「活動（Activity）」に，社会的不利を「参加（Participation）」として位置付け，3つの次元で構成しています。

社会参加の阻害要因には，さまざまなものが関連していて，相互に作用し合う過程として「障害」という社会現象を明らかにする新しい枠組みが必要になりました。こうした現象を多次元的に分析する社会モデルでは，個々の障害程度と環境状況に応じて生じている生活問題を事例的に研究するための視点が示されています。

[高橋]

小規模作業所

共同作業所と呼ばれる場合もありますが，無認可（法外）の福祉施設です。1970年代頃から作り出された小規模作業所は増加し続け，1990年代後半には，4,000か所を越すようになりました。入所施設を主流とする福祉から地域で暮らすことを可能にする在宅・地域福祉への移行にともない作業所は重要な役割を果たしてきました。

小規模作業所は，知的障害をもつ人を対象として活動が開始され，身体障害者や精神障害者へと活動対象が拡大してきました。この作業所は小規模（利用者が19人以内：職員2～3人）が多く，一般家屋やプレハブ住宅が用いられています。活動内容として，軽作業を軸にしながらも，利用者の障害に応じて健康増進活動，社会参加活動などが行われています。一般就労に向けた援助を行うところもありますが，利用者の平均月額工賃が7,000円と低額であるのが現状です。

作業所急増の背景には，養護学校卒業後の行き先である福祉的雇用の場が量的に不足していることがあげられます。授産施設が定員制限や障害が重いという理由で対象外にされた人を小規模作業所が受け入れてきました。養護学校卒業後の進路として，働くことよりも健康の維持増進が課題となる人に対しても大切な社会資源になっています。

小規模作業所の最も大きな課題は，財政基盤をどのように安定させるかということです。52年度から国庫補助金制度で知的障害者に，62年度から身体障害者，精神障害者の作業所にも同種の制度が作られました。しかし，自治体による補助金の格差，低額な交付金（平成8年度から110万円）や，交付対象作業所数の制限などの問題があります。　　　［高橋］

生活モデル

最近の障害をもった人に対する福祉領域の考え方は，日常生活動作（ADL）訓練中心としたものから，生活の質（QOL）を重視する方向へと変化しつつあります。障害者福祉の現場では，十分な指導・訓練を行うことによって，障害者が自立できるという治療・教育的な立場と，制度の変革や対人援助の活用によって，自立的生活を援助するという立場があります。

こうした，障害への社会的な対応を説明するための枠組みとして，「医学・個人モデル」と「生活・社会モデル」が用いられています。医学モデルでは，障害という現象を疾病．損傷などの健康状態の二次的な結果として生じた「個人的な」問題として理解し，専門職による個別治療・訓練という形で提供されるケアが必要であると考えます。したがって，障害への対応は，個人の適応力の向上と行動変容が重視され，保健・医療分野の専門職による対応が主要な課題になります。

これに対して，生活・社会モデルでは，障害者の社会環境への適合という観点から障害が社会によってつくり出されたも

のであると考えます。障害者の生活問題への取り組みには、社会生活への参加を目指して、環境を改善していくことを目指す当事者主体が重視されます。そして、障害者の生活問題や困難に対して、社会システムの変革（バリアフリー化）を求める思想の形成が課題になり、高度に政治的な問題となることもあります。

今日では、身辺自立訓練や、職業訓練重視から脱却して、障害を持つ本人の人生を大切にして、旅行、趣味活動、創作活動など当事者の参加活動を援助する対応の大切さが認識されるようになっています。　　　　　　　　　　　[高橋]

措置から契約

2000年の社会福祉法の成立により、「保護と更生から自立と参加」に向けた利用者の生活支援が法的に明らかにされました。しかし、知的障害分野では、入所施設を中心とする保護的な対応が依然として続いています。特に、重い知的障害をもつ人の場合、治療や訓練的な伝統と入所措置施設を基盤とする保護的な対応が根強く、地域生活を支援する契約型福祉サービスへの移行は不充分なのが現状です。

自立の支援のためには、知的障害をもつ人が自己選択・決定できるサービスにしていくことが大きな課題としてあげられています。そのポイントとして、利用者契約制度で、必要なサービス費用は支援費として障害の程度に応じて市町村から本人に支給されることになります（2003年度から）。支援費は、障害の程度に応じてその量や期間が決定されることになります。

契約制度の大切な点として、知的障害をもつ人がサービスを選択する際の意思決定能力、負担能力、あるいは、選択可能な地域のサービス資源が整備されているかなどを検討する必要があります。

[高橋]

地域福祉権利擁護事業

社会福祉法改正の重要なポイントのひとつが、利用者の立場に立った制度をつくることです。それを実現するために利用者保護制度（福祉サービスの利用援助事業）が設けられました。この利用者保護制度は、民法の成年後見制度の補充的な制度として、地域福祉権利擁護事業と、苦情解決の仕組みの導入、情報提供、利用契約の説明、書面交付の義務付け、誇大広告の禁止からなっています。

地域福祉権利擁護事業では、痴呆性高齢者、知的障害者、精神障害者など判断能力の不充分な人が自立して地域生活が送れるように福祉サービスの利用援助と権利擁護が行われます。全国の都道府県社協、市区町村社協、福祉公社やNPO団体などが事業を実施しています。

この事業は、福祉サービスの利用援助、日常的金銭管理、書類預かりなどを内容とします。これは、高齢者や障害者が地域生活をしていく際に直面する問題として、年金の受け取り確認や生活費の支払いができない、訪問販売で不必要な商品

の購入契約をさせられてしまうなど、さまざまな問題を予防することが期待されています。　　　　　　　　　　[高橋]

知的障害

これまで、精神薄弱とか知恵遅れといわれてきましたが、1998年の法律改正により正式にこの用語が使用されるようになりました。知的障害は大脳の機能障害が疑われ、知的機能の低下とそれに伴う生活の困難をいい、何らかの援助を必要とする人たちの状態像を表す用語です。

知的障害があるものの、病因が明確でないもの（生理型）、身体障害との合併、重い運動機能障害がある場合には特定の病名が付けられる場合（病理型）があります。一般的に、生理型は軽度の人が、病理型には重度の人が多いといわれています。

知的障害は、出生前、出生時、出生後さまざまなことが原因で発生します。出生前に原因を求める場合を「先天性」といい、出生後に起因する場合が「後天性」といわれます。遺伝子レベルでの発生メカニズムは十分解明されていないのが現状です。妊産婦のウイルス感染、高熱、薬物や放射線の影響が原因になることもあるといわれています。　　[高橋]

知的障害者居宅介護等事業

日常生活を営むことが困難な18歳以上の知的障害をもつ人に対してホームヘルパーを派遣する事業のことをいいます。居宅での介護の内容は、入浴・排泄・食事の介護、調理・洗濯・掃除などの家事、生活に関する相談、外出時の移動介護があげられます。この事業は、1970年代から実施されてきましたが、1990年に国の制度になりました。実施主体は、市長村ですが、社会福祉法人などに委託することができるようになっています。　[高橋]

知的障害者生活支援事業

これは、1991年度から地域で独立した生活を営む知的障害をもつ人に対して行われるようになった事業です。この事業は、知的障害者通勤寮、更生施設、授産施設などに知的障害者生活支援センターを設け、そこに配属された生活支援ワーカーが生活上のさまざまな相談を受け、地域生活の継続を可能にするための支援を行います。

原則的に利用できるのは、就労している知的障害をもつ人で、アパート、マンションなどで独立した生活をしている人です。支援を行う生活支援ワーカーは、知的障害者領域での仕事に関する経験をもっている人が条件となっています。

生活支援は、通勤寮の職員らと協力して行われます。支援の内容は、法的な「手続き」、「金銭管理」、「就労」、「恋愛・結婚・育児」などに関する相談、あるいは、関係機関との連絡調整など、さまざまなことがあげられます。　[高橋]

知的障害者通勤寮

知的障害者入所施設から自立生活をする際の中間に位置する通過的な福祉施設

です。知的障害をもつ人が入所施設では容易に生活できているように見えても，社会生活への適応になると困難な場合があります。

入所施設で生活している限り，この場を離れた社会的な人間関係上の成熟は困難です。こうした現状に対して施設生活と社会生活の中間施設として，段階的に自立生活を支援する場の必要性が認められるようになりました。

1971年から，知的障害児施設，知的障害者施設などを退所したり，学校を卒業後就職している15歳以上の知的障害をもつ人が通勤寮を利用できるようになりました。それは，居室その他の設備を利用して，独立自活に必要な援助を提供する施設です。1998年現在，116か所の通勤寮で2,753人の知的障害をもつ人が社会的自立に必要な支援を受けながら生活しています。　　　　　　　　　　[高橋]

知的障害者福祉工場

知的障害者入所施設利用者で一定の作業能力があり，地域での自立生活が可能である人を対象にしてつくられました。1985年度から，知的障害者福祉工場の制度を創設し，就労と社会参加の促進を一層図ることが目的になっています。1998年現在，35か所の福祉工場があります。

定員は20名以上とされ，施設長，指導員，事務員などを配置することになっています。利用者は，15歳以上の知的障害をもつ人で，学校卒業後であったり，入所や通所の施設利用者，一般就労の経験者です。福祉工場で働く人は，労働三権の適応を受け，厚生年金，雇用保険，労災保険に加入しています。福祉工場での仕事の内容として，製造加工業，サービス業，農業などがあげられます。1990年以降は，サービス業と農業を行う福祉工場が増加しています。　　　　[高橋]

バリアフリー（barrier-free）

障害をもつ人が日常生活を送るのにさまざまなものが「障壁（バリア）」となって，障害をもつ人の活動領域の拡大を妨げることがあります。このようなバリアが取り除かれた状態をバリアフリーといいます。日本ではバリアフリーについての運動や計画は1970年代以降，車いすを使用する人たちの「施設から街へ」という動きのなかで，急速に全国各地に広がりました。

バリアフリーを実現する際に，以下の4つの障壁が指摘されています。①道路の構造，路上の障害物，建築物，住宅，交通機関などにみられる「物理的障壁」です。これについては1994年「高齢者・身体障害者などが円滑に利用できる特定建築物の建築の促進に関する法律」が制定されました。②各種の資格制度，高校・大学の入学試験，就職，地域の自立生活の「制度的障壁」であり，これは機能障害を理由とする欠格事由が設けられていたり，障害者への対応ができていないために，機会の均等が妨げられているということです。③「文化・情報の障壁」です。特に情報の障壁は視覚障害者

と聴覚障害者にとっては大きな問題です。日常生活における情報の提供や図書館の整備に音声や点字の工夫がなければ安全で文化的な生活をおくることはできません。④「行動や意識の障壁」です。これは健常者が障害者に対する態度のことです。迷惑感と憐憫，人権への無関心，差別の社会的な容認が障害者に対する偏見となっています。

ノーマライゼーションの実現にとって最も困難な障壁は社会の偏見です。正しい情報を理解するとともに，共生のまちづくりの過程でバリアフリーを実践していくことが求められています。　　[楠]

〈参考文献〉

柴田洋弥・尾添和子『知的障害をもつ人の自己決定を支える』（大揚社，1992年）

松友　了『知的障害者の人権』（明石書店，1999年）

小川喜道『障害者のエンパワーメント――イギリスの障害者福祉――』（明石書店，1999年）

佐藤久夫・小澤温『障害者の世界』（有斐閣アルマ，2000年）

厚生省大臣官房障害保健福祉部障害福祉課（監修）『知的障害者の人権を守るために』（中央法規出版，1999年）

東京都福祉局総務部総務課（編）『社会福祉の手引き2000』（東京都政策報道室，2000年）

日本知的障害者愛護協会（編）『障害福祉の基礎知識：知的障害を中心に』（日本知的障害者愛護協会，1996年）

『障害者のための福祉　2001年』（中央法規出版，2001年）

山縣文治・柏女霊峰編集委員代表『社会福祉用語辞典第3版』（ミネルヴァ書房，2002年）

北沢清司『知的発達障害：生活支援ハンドブック』（中央法規出版，1996年）

大島巌（他）編『障害者福祉とソーシャルワーク』（有斐閣，2001年）

『国民の福祉の動向』2000年　第47巻第12号（厚生統計協会，2000年）

石和和美『Q＆A　障害者問題の基礎知識』（明石書店，1997年）

庄司洋子・木下康仁・武川正吾・藤村正之（編集委員）『福祉社会事典』（弘文堂，1999年）

平岡公一・平野隆之・副田あけみ（編）『社会福祉キーワード』（有斐閣，1999年）

京極高宣（監修）『現代福祉学レキシコン』（雄山閣出版，1993年）

三浦文夫・右田紀久恵・永田幹夫・大橋謙策（編集）『地域福祉事典』（中央法規出版，1997年）

索　引

ア　行

安心という名の援助　150
石井筆子　169-175, 178
石井亮一　164-168, 173-175, 177, 178, 180
糸賀一雄　189
移動の自由　208
ウィリアムス主教　169
ヴォルフェンスバーガー　197
運営適正化委員会　157
えびす・ぱれっとホーム　115, 117
援助者としてのスタイル　90
援助者の自己理解　84
援助の方法　109
近江学園　189
太田徳代　166
荻野吟子　166, 167
親　15
　——亡き後　9, 188
　——の役割　19, 25
オンブズマン（パーソン）　154
　施設——154, 155

カ　行

華族女学校　170, 171, 172
家族との関係　111
価値レベルでの自己理解　85
学校教育　40
学校教育外　43
感覚の訓練　181
関係調整　22
冠婚葬祭への参加権　210
感情認知障害説　94
感じる世界　97

完全参加と平等　43
基本的人権　166, 203-207
基本的信頼　101
キャラクター　91
教育権　207
教育相談室　41
きょうだい　2
居住移転の自由　208
苦情解決制度　156
具体的な援助の視点　108
グループホーム　115, 195, 208
　区・市型——　116
　都型——　116
呉秀三　168
軽度知的障害者の年金受給　147
結婚　9
憲法学　206
権利擁護　156
皇国史観　179, 184
幸福追求権　212
高齢期　14
高齢者の総合施設「ゆとりえ」　65
国民主権　212
「心の理論」障害説　94
国家主義　205
子どもの内面を育む　23
コミュニティ居住　198
コミュニティセンター　66
コロニー　189

サ　行

財産管理　145
財産権　207
在宅福祉　199
最適医療を請求する権利　211

サヴァーン (savant) 96
サポートネット 124
参政権 210, 212
支援体制 11
自己意志の尊重 211
自己決定 193, 211
自己信頼 23
自己理解
　感情レベルでの―― 84
　ライフヒストリーに基づく―― 91
思春期 7
施設機能の地域開放 200
施設設備・機能の社会化 200
施設福祉 199
自然法 204
自尊感情 23
児童期 4
自分自身の感じ 101
社会権 204, 205
借金返済 145
周囲の環境調整 19
就学指導委員会 41
就学前通園施設 40
自由権 204, 205
重症心身障害児施設 189
終身保護 188
重度加算 122
収容保護施設 187
受給権 207
宿泊体験 3
障害ある子どもと暮らす 25
障害基礎年金 207
障害者解放運動 201
障害の発生予防 191
情緒障害児学級 42
将来設計 145
『女学雑誌』 166
処遇の社会化 200
職業採用試験におけるハンディキャップ 149
女性参政権 205
所得保障 11

ショートステイ 135
白河事件 152
「自立」に向けた準備 15
人格権 207
人権の侵害 153
審査褒状 179
心身障害児（者）短期入所事業 135
心身障害児学級 42
心身障害者コロニー懇談会 190
心身障害児（者）施設地域療育事業 135
スウェーデンの入所施設 195
生活の質 12
聖公会社会事業 174
聖三一孤女学院 166
静修女学校 170, 171, 172
生存権 207
青年期 8
生理学的教育法 181, 167
セガン 167, 174, 180, 181, 182
セルフヘルプ 16
戦災孤児問題 186
専門性に欠ける職員 153
相互性 100
相続権 207
壮年期 12
卒業後の暮らし 106

タ 行

第三者委員 156
大日本婦人教育会 170
高田畊安 182
滝乃川学園 171, 172, 173, 177-184, 186
脱施設化 197, 201
地域参加 56
地域生活 47
地域生活援助センター「びーと」 143
地域生活支援事業 200
地域福祉権利擁護事業 157
痴院 180
父親 21
秩父学園 189

知的障害児通園施設　187
知的障害者地域生活援助事業実施要綱　115
知的障害者のガイドヘルプ　125
知的障害者福祉法　184
知的障害養護学校　42
知的な発達の遅れ　19
チャプレン　178
治療教育的　188
通常の人に近い生活　197
通所施設　106, 113
津田梅子　169-171
デイセンター山びこ　107
デンマーク知的障害者親の会　194
投影（逆転移）　100
東京都外施設の増設　191
統合保育　47

ナ行

なごみの家　134, 139
21世紀の特殊教育のあり方　43
日常活動のメモ　90
日中の活動支援　113
日本精神薄弱者愛護協会　168
入所施設　53
ニルジェ, B.　196
ネットワーク型の事業　124
濃尾大地震（震災）　165, 172, 177
ノーマライゼーション　53, 194

ハ行

恥の感じ　98
バリア　25
バンク＝ミケルセン, N. E.　54, 195
被選挙権　212
ひとりの豊かさ（ソリチュード solitude）　101

福祉的保護の形成　186
普通学級　41
プライヴァシー権　207, 209
文化的生活権　207
ベーテル　189
保育・療育・教育の場　48
放課後活動　49, 72
奉仕活動　29
方面委員　37
穂積歌子　167
保母養成部　172, 182
ボランタリズム　34
ボランティア活動　29
ボランティア活動原則　30, 32

マ行

まちづくり　65, 111
南町福祉の会　66
民生委員　37
武蔵野市障害者計画　124
武蔵野市にショートステイ施設を進める会　125
無償制　34

ヤ行

有償性　34
優生思想（優学生）　175, 194
幼児期　4
余暇活動　52

ラ行

利用者援助の基本的な姿勢　108
レクリエーション権　207
労働権　207, 208, 212

《執筆者紹介》（執筆順／【 】執筆担当）

高橋幸三郎【編著者，はしがき，Ⅱ部第1章，第8章，Ⅲ部第3章，第4章，読書コーナー，用語解説】
　編著者紹介を参照

田部井恒雄【Ⅰ部第1章】
　たべい　つねお／1947年生まれ
　全国障害者とともに歩む兄弟姉妹の会副会長
　知的障害者通所授産施設ワークセンター大地施設長

岡部耕典【Ⅰ部第2章】
　おかべ　こうすけ／1955年生まれ
　心のバリアフリー市民会議事務局長

有安茂己【Ⅰ部第3章，第5章】
　ありやす　しげき／1950年生まれ
　帝京大学福祉・保育専門学校専任講師

小笠原まち子【Ⅰ部第4章】
　おがさわら　まちこ／1948年生まれ
　東京都立青鳥養護学校教諭

今木仁恵【Ⅰ部第6章】
　いまき　よしえ／1943年生まれ
　吉祥寺南町地域福祉活動推進協議会（南町福祉の会）副会長

石川秀樹【Ⅱ部第2章】
　いしかわ　ひでき／1962年生まれ
　山村学園短期大学非常勤講師
　カウンセリングルーム・アガペー　カウンセラー

安藤真洋【Ⅱ部第3章】
　あんどう　しんよう／1949年生まれ
　知的障害者通所更生施設デイセンター山びこ施設長

遠藤紀子【Ⅱ部第4章】
　えんどう　のりこ／1963年生まれ
　東京社会福祉士会事務長
　前　えびす・ぱれっとホーム職員

古野晋一郎【Ⅱ部第5章】
　ふるの　しんいちろう／1936年生まれ
　サポートネット代表

後藤明宏【Ⅱ部第6章】
　ごとう　あきひろ／1957年生まれ
　在宅障害者デイサービス施設デイセンターふれあい施設長
　障害者ショートステイ施設なごみの家施設長

武藤政幸【Ⅱ部第7章】
　むとう　まさゆき／1960年生まれ
　地域生活援助センターびーと施設長

河尾豊司【Ⅲ部第1章，第2章，第5章】
　かわお　とよし／1949年生まれ
　滝乃川学園成人部生活指導員

楠　佳子【用語解説】
　くすのき　よしこ／1975年生まれ
　東京家政学院大学人文学部人間福祉学科助手

《編著者紹介》

高橋幸三郎（たかはし こうざぶろう）

現在，東京家政学院大学人文学部人間福祉学科助教授
略歴：1952年生まれ。1976年法政大学社会学部第2応用経済学科卒業。東京都保谷市役所行政職主事，重症心身障害児施設秋津療育園生活指導員，知的障害児施設滝乃川学園児童指導員，心身障害者通所訓練施設山彦の会作業所指導員，社会福祉法人武蔵野・知的障害者通所更生施設デイセンターやまびこ主任指導員，特別養護老人ホームゆとりえ主任指導員として勤務。1998年より現職。その間，東北福祉大学大学院修士課程修了，明治学院大学大学院博士課程満期退学
専門分野：社会福祉援助活動論，障害者福祉論
社会的活動：社会福祉法人けやきの杜苦情解決委員会委員長，国立市社会福祉協議会苦情解決システム第三者委員，東京都大田区福祉オンブズマン，日本社会福祉士会生涯研修センター運営委員会副委員長。
主な著書：
『社会福祉援助技術論』（相川書房，2002年，共著）
『初めて学ぶ人のための社会福祉調査法』（中央法規出版，2001年，編著）
『社会福祉援助の共通基盤』（上・下）（日本社会福祉士会，2001年，編著）
『社会福祉用語辞典』（ミネルヴァ書房，2000年，共著）

知的障害をもつ人の地域生活支援ハンドブック
――あなたとわたしがともに生きる関係づくり――

2002年6月20日　初版第1刷発行　　　　　　　検印廃止
2004年10月30日　初版第4刷発行

定価はカバーに
表示しています

編著者	高　橋　幸　三　郎
発行者	杉　田　啓　三
印刷者	坂　本　嘉　廣

発行所　株式会社　ミネルヴァ書房
607-8494　京都市山科区日ノ岡堤谷町1
電話代表　(075)581-5191番
振替口座　01020-0-8076番

©高橋幸三郎他，2002　　　　　　内外印刷・新生製本

ISBN 4-623-03621-9
Printed in Japan

やわらかアカデミズム・〈わかる〉シリーズ

よくわかる社会福祉 第2版	山縣文治 岡田忠克 編	本体	2400円
よくわかる子ども家庭福祉 第2版	山縣文治 編	本体	2400円
よくわかる障害者福祉	小澤 温 編	本体	2200円
よくわかる家族福祉	畠中宗一 編	本体	2200円
よくわかる地域福祉	上野谷加代子 松端克文 編 山縣文治	本体	2200円
よくわかる精神保健福祉	藤本 豊 花澤佳代 編	本体	2400円
よくわかる司法福祉	村尾泰弘 廣井亮一 編	本体	2500円
よくわかる臨床心理学	下山晴彦 編	本体	2800円

自立生活の思想と展望	定藤丈弘 岡本栄一 編 北野誠一	A5判 本体	344頁 2800円
「ノーマリゼーションの父」 N・E・バンク-ミケルセン [増補改訂版]	花村春樹 訳著	四六判 本体	256頁 2000円
親たちは語る ──愛育養護学校の子育て・親育ち	愛育養護学校 編 (幼児期を考える会)	四六判 本体	244頁 1800円
養護学校は，いま	鯨岡 峻 編	A5判 本体	232頁 2400円

──── ミネルヴァ書房 ────
http://www.minervashobo.co.jp/